D1699887

Klaus D. Tumuscheit **Erste-Hilfe-Koffer für Projekte**

Klaus D. Tumuscheit

Erste-Hilfe-Koffer für Projekte

33 Lösungen für die häufigsten Probleme

orell füssli Verlag AG

© 2004 Orell Füssli Verlag AG, Zürich

www.ofv.ch

Alle Rechte vorbehalten

Umschlagabbildung: gettyimages (Rob Casey)

Umschlaggestaltung: cosmic Werbeagentur, Bern

Druck: fgb • freiburger graphische betriebe, Freiburg i. Brsg.

Printed in Germany

ISBN 3-280-05034-0

———

Bibliografische Information der Deutschen Bibliothek

Die Deutsche Bibliothek verzeichnet diese Publikation in der Deutschen National-
bibliografie; detaillierte bibliografische Daten sind im Internet über *http://dnb.ddb.de*
abrufbar.

Inhalt

Vorwort

Was Sie in den Händen halten, sieht auf den ersten Blick aus wie ein Buch. Tatsächlich ist es ein Erste-Hilfe-Koffer. Wann immer es in Ihrem Projekt zu einem Unfall kommt – und wie Sie bemerkt haben werden, kommt es häufig dazu –, leistet dieses Handbuch schnell, äußerst wirksam und einfach erste Hilfe. Denn es steht nur das drin, was (Projektmanager) wirklich interessiert: Wie Sie die Probleme lösen, die Ihnen täglich das Leben schwer machen. Das Buch beseitigt die häufigsten und gravierendsten Projektprobleme. Es vermittelt Projektmanagement pur, ohne jeden überflüssigen Theorieballast und Lehrbuchbarock.

Probleme sind nicht die Ausnahme im Projekt, sie sind die Regel. Oder wie ein deutscher Konzernchef einmal sagte: «Projektleiter leiten keine Projekte – sie lösen Probleme.» Im Projekt ist alles Wichtige knapp: Zeit und Termine, Personaldecke, Ressourcen, Budget, Kooperation und Zuverlässigkeit der Beteiligten. Aus dieser notorischen Knappheit ergeben sich täglich Probleme. Deshalb suchen Projektmanager Rat und Hilfe in Büchern und Seminaren zum Projektmanagement (PM) und beim eigenen Auftraggeber. Wird ihnen geholfen? Seltsamerweise nein. Seit über 15 Jahren bin ich im Projektmanagement tätig, berate, coache und trainiere Projektmanager, deren Teams und Vorgesetzte, und mit jedem Jahr wird mir ein verrücktes Paradoxon immer klarer:

Je drängender die Probleme, desto weniger werden sie gelöst.

Löst der Auftraggeber die Probleme des Projektmanagers, wenn dieser Hilfe suchend zu ihm kommt? Nicht die Bohne, und das sagt er auch in aller Regel deutlich: «Ihr habt Probleme? Dann seht zu, wie ihr sie löst! Und zwar so, dass wir den Termin halten!» Erschwerend kommt hinzu, dass in der betrieblichen Praxis zwar viel über Probleme im Projekt geklagt wird – doch es wird meist nicht im Sinne einer lösungsorientierten Diskussion darüber *geredet*. Probleme sind in dieser Hinsicht tabuiert; der Projektmanager ist Leidtragender einer Verschwörung des Schweigens.

Also wendet er sich Büchern, Seminaren und anderen Medien und Ratgebern zu. Findet er dort Hilfe? In der Regel nicht. Denn in den gängigen Büchern und Trainings zum Projektmanagement geht es nicht um *Probleme*, es geht um *Methoden*. Projektmanager lernen dort nicht, was sie tun sollen, wenn ihr Projekt in Schwierigkeiten steckt, wenn der Auftraggeber auf den Tisch haut und Druck macht, die Teammitglieder still sabotieren, die Projektmeetings peinlich ineffizient sind, der Kunde den Projektmanager über denn Tisch ziehen möchte und wegen all dieser Probleme das Projekt ebenso wie die weitere Karriere des Projektmanagers gefährdet ist. Dafür lernen Projektmanager aus diesen Büchern und Seminaren, wie ein Netzplan erstellt wird. Was eine große Hilfe für uns alle ist, wie schon Norman Mailer sagte.

Gewiss, die Probleme der Seminarteilnehmer werden in den üblichen Trainings *thematisiert* – meist im Rahmen der Aufwärmrunde. Doch dann geht es zum «eigentlichen» Thema: Was ist Projektmanagement? Wie ist ein Projekt organisiert? Wie plant man ein Projekt? Wie diese Methoden auf die Probleme, mit denen die Teilnehmer ins Seminar gekommen sind, angewandt werden müssen, um diese Probleme zu lösen – das wird nicht gezeigt. Das liegt daran, dass die meisten PM-Trainer über zu wenig eigene Projekterfahrung verfügen, um reale Projektprobleme in der Kürze eines Seminars nachhaltig und wirksam lösen zu können. Deshalb kaprizieren sie sich lieber auf PM-Methoden. Das ist sicherer (auch wenn es weniger hilft).

Unerquickliches Resultat dieser schlagseitigen Methodenorientierung: Seit 15 Jahren kommen die Projektmanager und -teams *mit denselben Problemen* zu uns. Die meisten von ihnen können ihre täglichen Probleme überhaupt nicht oder nur sehr schlecht lösen – und das wiederholt sich in einem Projekt nach dem anderen! Kein Wunder, denn niemand bringt unseren Projektleitern bei, wie sie ihre Probleme einfach und schnell lösen. Lange Jahre dachten wir, dass diese Probleme doch irgendwann verschwinden müssten, wenn wir die PM-Methoden nur intensiv, sorgfältig und lange genug trainieren würden. Doch in der Zwischenzeit haben wir erkannt:

Probleme löst man nur, indem man Probleme löst.

Indem man sich in erster Linie um Probleme und erst in zweiter Linie um Methoden kümmert. Also baten wir unsere Teilnehmer und die Teams in den Projekten, die wir beraten, ihre Projektprobleme aufzulisten. Am Anfang dachten wir, dass es eine unendliche Flut von Projektproblemen geben müsste. Doch im Laufe der Jahre kristallisierte sich überraschenderweise ein Problemkern heraus:

Es gibt nur zirka 30 harte und häufige Projektprobleme. Beherrschen Sie diese, beherrschen Sie jedes Projekt.

Sie kennen einige Seminare und Bücher, in denen es um PM-Methoden und -Instrumente geht. In diesem Buch, das Sie in den Händen halten, geht es um etwas anderes. Es geht um Ihre Probleme und wie Sie sie schnell, einfach und ohne großen Aufwand lösen. Sie haben ein Problem? Ihr Projekt hat sich den Knöchel verstaucht oder vom Auftraggeber eins auf die Nase bekommen? Dann schlagen Sie die passende Erste-Hilfe-Maßnahme nach – und lösen Sie Ihr Problem. So einfach geht das. Das geht deshalb so einfach und schnell, weil wir die Lösungen jahrelang von Seminarteilnehmern und Projektteams testen und in der Praxis erproben ließen. Sie profitieren dabei also von den tausendfachen Erfahrungen Ihrer Kolleginnen und Kollegen. Die Problemlösungen, die Sie in diesem Buch finden, entstanden nicht am grünen Tisch, sondern aus der Praxis für die Praxis.

Lohnt es sich, Ihre Lösungskompetenz zu erhöhen? Für Ihr Unternehmen lohnt es sich allemal. Denn wenn Sie die Liste der Projektprobleme im Inhaltsverzeichnis betrachten, dann sehen Sie: Genau das sind die Probleme, welche Projekte aufhalten, verteuern, unter Ziel ankommen lassen. Das sind die Probleme, welche deutsche Unternehmen Jahr für Jahr Milliarden Euro kosten. Das sind aber auch die Probleme, welche nicht nur Ihnen, sondern jedem Projektmanager Ärger und Stress bereiten und letztendlich für seinen mangelnden Erfolg im Projekt verantwortlich sind.

Wenn Projekte unbefriedigend laufen, dann deshalb, weil Projektmanager nicht richtig mit den auftauchenden Problemen umgehen (können): Niemand hat es ihnen gezeigt.

Wenn Sie die folgenden 33 Probleme lösen (können), wird Ihr Projekt nicht nur reibungslos und schnell, sondern auch kostengünstiger und zielgerichtet ablaufen. Sie werden mehr Erfolg und weniger Ärger und Stress erleben. Sie werden Spaß im Projekt haben. Und dafür lohnt es sich doch allemal, nicht wahr?

Sie haben ein Problem?

Auf den folgenden Seiten finden Sie die Lösung.

1. «Die da oben wissen nicht, was sie wollen!»

☎ Das Problem:
Ihr Auftraggeber weiß nicht, was er will; er hat Ihnen einen völlig unklaren Projektauftrag gegeben.

✚ Die erste Hilfe:
Wenn Ihr Auftraggeber nicht weiß, was er will – bringen Sie ihm bei, zu erkennen, was er will! Wer außer Ihnen sollte es sonst tun?

☑ Anmerkung:
Wie die erste Hilfe aussieht, wenn nicht Ihr (interner) Auftraggeber, sondern Ihr (externer) Kunde einen Projektunfall verursacht, weil er nicht weiß, was er will, lesen Sie in Kapitel 19, Seite 114).

Das Problem:
Der Auftraggeber weiß nicht, was er will

Sie haben einen Projektauftrag bekommen. Sie und Ihr Team sind zuversichtlich, eine gute Lösung zu finden. Doch schon nach den ersten Arbeitstagen bemerken Sie: So geht das nicht! Was hat sich der Auftraggeber bloß dabei gedacht? Der Auftrag steckt voller Widersprüche! Und diese Widersprüche bringen alsbald den Fortschritt im Projekt zum Erliegen. Jeder fragt sich: Was sollen wir tun? Was wird überhaupt von uns erwartet? Betrachten wir ein Beispiel für diesen Projektunfall, für den dringend erste Hilfe benötigt wird:

Der Geschäftsführer eines Metallbauers für Kleinteile verabschiedet ein Projekt: «Unsere Prozesse müssen schneller werden! Wir brauchen eine 30 Prozent kürzere Auftragsdurchlaufzeit!» Der Projektmanager legt sich zuversichtlich ins Zeug. Nach zwei Wochen stellt er fest, dass nicht etwa arthritische Prozesse die langen Auftragsliegezeiten verursachen, sondern eine viel zu umständliche Organisation der Auftragsbearbeitung. Als er diese Erkenntnis erfreut seinem Auftraggeber kommuniziert, erwidert dieser barsch: «Sie sollen nicht den Betrieb umkrempeln! Sie sollen die Aufträge schneller machen!» Der Projektmanager fühlt sich auf den Arm genommen: «Wie soll denn das eine ohne das andere angehen? Ist ihm überhaupt klar, was er da von mir verlangt?»

Dem Projektmanager ist nicht klar, was er tun soll, weil seinem Auftraggeber offensichtlich nicht klar ist, was er überhaupt will.

Der Holzweg: Ohne klaren Auftrag herumeiern

Die meisten Projekte erleben ganz zu Beginn schon einen bösen Unfall, wenn sich langsam herausstellt, dass es so, wie Kunde oder Auftraggeber sich das vorstellen, beim besten Willen nicht geht. Wie reagieren Projektmanager auf diese Situation? Meist falsch; sie

- sind irritiert über die Unklarheiten des Auftrags, trauen sich jedoch nicht, beim großen Tier nachzufragen;
- beschließen aus diesem Grund: «Machen wir halt mal – hoffentlich merken die da oben bald, dass es so nicht geht», eine Hoffnung, deren Eintreffenswahrscheinlichkeit einem Sechser im Lotto entspricht;
- verzweifeln: «So geht das nicht! Aber das können wir denen da oben nicht sagen!»;
- lassen das Projekt erst einmal laufen, um es dem Auftraggeber «später» zu sagen – übersehen dabei jedoch, dass man sich immer weniger traut, eine schlechte Nachricht zu überbringen, je länger die Sache schon schief läuft.

In letzter Konsequenz läuft das Projekt wegen unterlassener Hilfeleistung dann irgendwann gegen die Wand. Der Auftraggeber sagt darauf nicht etwa: «Mist, mein Auftrag war zu unklar.» Er sagt vielmehr: «Wir haben eben nicht die richtigen Leute für so was!» Damit steckt der schwarze Peter beim Projektmanager und seinem Team. Eine schreiende Ungerechtigkeit.

Unklare Aufträge bedeuten: Sie können machen, was Sie wollen – Sie machen es falsch.

Auf unser Beispiel bezogen: Wenn der Projektmanager seinen Auftrag erfüllt und die Durchlaufzeit verkürzt, indem er den Auftragsablauf reorganisiert, kriegt er Ärger – weil sein Auftraggeber keine Reorganisation will. Wenn der Projektmanager den Prozess nicht reorganisiert und damit den Wunsch des Auftraggebers erfüllt, kriegt er Krach mit dem Auftraggeber, weil er die Durchlaufzeit nicht um 30 Prozent kürzen konnte. Wie ers macht, ist es falsch. Warum? Weil er sich nicht in erster Hilfe auskennt.

Erste Hilfe: Machen Sie erst sich und dann dem Auftraggeber klar, was er überhaupt möchte

1. Beginnen Sie sofort nach Auftragserteilung mit der ersten Hilfe: «Ein wichtiges Projekt für unseren Bereich (Abteilung), Herr Meier. Ich trage mal alle nötigen Informationen zusammen. Wann kann ich mit Ihnen die Planung abstimmen?» Wenn Sie jetzt nicht sofort einen Termin vereinbaren, kriegen Sie keinen – Sie kennen Ihre Auftraggeber und wissen, wie schwierig es ist, einen Termin zu bekommen.
2. Sie brauchen Unterstützung, um herauszufinden, was alles an Ihrem Projektauftrag unklar ist. Bei einem internen Projekt können Sie fragen: «Herr Meier, wen könnte ich alles für erste Überlegungen fragen?» Weiß es der Auftraggeber nicht, suchen Sie sich selber kompetente Planungspartner.
3. Rufen Sie diese Planungspartner für eine kurze Sitzung zusammen, und machen Sie eine Auftragsanalyse (siehe unten).

4. Dann präsentieren Sie Ihre Grobplanung am vereinbarten Termin Ihrem Auftraggeber.

5. Stellen Sie dem Auftraggeber/Kunden unterschiedliche Szenarien vor, um seinen Auftrag durchzuführen. Hat der Auftraggeber diese Wahlmöglichkeiten nicht, stellt er auf stur, weil er sich genötigt fühlt. Oder er willigt zähneknirschend in die eine Lösung ein, die Sie präsentieren, und sagt danach, wenn diese schief ging: «Sehen Sie, wusste ich gleich!»

Die Auftragsanalyse

Wenn Ihr Auftraggeber selber nicht weiß, was er will, durchleuchten Sie seinen unklaren Auftrag:

1. Trifft das zu, was er als Anlass fürs Projekt annimmt? Oder wird das Problem, welches das Projekt lösen soll, von etwas ganz anderem verursacht?

2. Was passiert, wenn das Projekt nicht erfolgreich ist? (Wenn danach alles beim Alten bleibt, ist das Projekt unnötig!)

3. Ist das Projekt überhaupt machbar?

4. Ist das Projekt so einfach machbar, wie der Auftraggeber annimmt? Was wäre wirklich nötig, um es durchzuziehen? Wenn der Auftraggeber auf seiner zu einfachen Lösung besteht: Was ist voraussichtlich das Ergebnis?

5. Welche Konsequenzen hat das Projekt auf das gesamte Unternehmen und den Markt?

6. Wollen und können wir diese Konsequenzen tragen?

7. Woran messen wir den Erfolg des Projektes?

8. Was wird ausdrücklich im Projekt nicht bearbeitet?

9. Welcher Aufwand ist fürs Projekt nötig?

10. Haben wir diese Kapazitäten überhaupt?

Die Anwendungshemmnisse:
Warum wirs nicht tun

Die Auftragsanalyse ist so einfach zu machen, dass sie jeder Projektmanager schnell kapiert. Warum wird sie trotzdem selten eingesetzt? Weil viele Projektmanager empört einwenden: «Aber dafür ist doch der Auftraggeber zuständig! Er muss mir doch einen klaren Auftrag geben! Er muss doch erst mal abklären, ob das Projekt realistisch ist!» Ein berechtigter Einwand. Doch erlauben Sie mir eine Frage: Tut ers?

Und wenn nicht: Wer hat den Schaden davon? Und wer könnte diesen Schaden abwenden? Etwa der Auftraggeber? Ein Auftraggeber, der nicht zu einem klaren Auftrag fähig ist, sollte diesen Schaden von Ihnen abwenden? Aber warum denn? Dafür hat er keinen Grund. Denn wenn das Projekt schief läuft – was es mit einem unklaren Auftrag immer tut –, dann ist der Auftraggeber fein heraus: «Mein Projektmanager hats einfach nicht gebracht.»

Ärgern Sie sich über Ihren Auftraggeber (Sie haben das Recht dazu). Halten Sie ihn für wenig projekterfahren (er ist es). Aber wenn Sie auch nur halbwegs am Erfolg Ihres Projektes und an Ihrer eigenen Jobsicherheit interessiert sind, dann führt kein Weg an der Auftragsanalyse vorbei.

2. «Wir haben nicht genügend Leute für noch ein Projekt.»

☎ Das Problem:
Sie bekommen ein Projekt, aber nicht die Leute dafür.

✚ Die erste Hilfe:
Holen Sie sich die nötigen Leute, indem Sie laufende Projekte neu priorisieren.

Das Problem:
Zu viele Projekte, zu wenig Kapazität

Für die meisten Projektmanager ist schon allein der Projektauftrag ein böser Unfall: «Wie soll denn das gehen? Für dieses Projekt kriegen wir doch niemals die Leute zusammen!» Warum nicht? Weil jedes normale Unternehmen heutzutage bereits so viele Projekte hat, dass die Kapazitäten schon lange überlastet sind. Warum? Weil es in den meisten Unternehmen zwar ein Projektmanagement, aber kein Multi-Projektmanagement gibt.

Multi-Projektmanagement regelt, welche Projekte gemacht und welche nicht gemacht oder anders priorisiert werden.

Die meisten Topmanager machen kein Multi-Projektmanagement, sie managen nach der alten Parole: «Eins geht immer noch rein.» Das stimmt schon lange nicht mehr. Die meisten Unternehmen sind projektmäßig schon lange restlos abgefüllt. Doch das interessiert den Auftraggeber nicht, der Ihnen ein Projekt reindrückt, für das Sie keine Leute kriegen.

Der Holzweg: Kuschen und Unmögliches möglich machen

Was tun Projektmanager, die nicht genügend Leute für ein Projekt zusammenkriegen und nicht in Projekthilfe ausgebildet sind? Sie

- kuschen vor dem großen Auftraggeber oder dem wichtigen Kunden;
- stöhnen fürchterlich über die Arbeitsüberlastung (was menschlich ist, aber einen Nachteil hat: Es ändert nichts!);
- versuchen, das Unmögliche irgendwie möglich zu machen, und gleichen die Zeit, die sie von den ausgebuchten Teammitgliedern nicht bekommen, durch Feierabend- und Wochenendarbeit aus (was das Privat- und Familienleben beeinträchtigt);
- werden zusätzlich zu ihrer Überlastung mit Misserfolg bestraft. Denn das Unmögliche kann man nicht möglich machen – das Projekt floppt oder enttäuscht, weil eben auch ein Projektmanager nicht jede Kapazität jedes Fachexperten im Alleingang ersetzen kann.

Der Auftraggeber honoriert dabei nicht, dass Sie Unmögliches möglich machen wollten. Er bestraft Sie, weil das Projekt floppte. Möchten Sie das? Dann leisten Sie Ihrem Projekt erste Hilfe.

Erste Hilfe: Tacheles reden und priorisieren

1. Artikulieren Sie sofort bei Auftragserteilung Ihr Unbehagen. Aber nicht so: «Chef, dafür kriegen wir doch niemals die Leute zusammen!» Der Auftraggeber wird Ihnen was husten (weil Sie ihn provozieren). Reden Sie so, dass er Ihr Argument akzeptieren kann: «Ein gutes Projekt. Ich würde mich am liebsten sofort draufstürzen. Leider habe ich schon drei Projekte. Außerdem sind zumindest Labor und Marketing, die wir dringend dafür brauchen, gerade total ausgebucht.»
2. Legen Sie die Prioritäten neu fest (dass macht man immer, wenn ein neues Projekt hereinkommt). Fragen Sie Ihren Auftraggeber: Wie

wichtig ist das neue Projekt im Vergleich zu den anderen? Das hätte der Auftraggeber eigentlich selber tun müssen. Hat er aber nicht (sonst wäre die Erste-Hilfe-Situation nicht entstanden). Also helfen Sie ihm auf die Sprünge. Nach der Priorisierung sieht er dann meist selbst, aus welchen nachrangigen Projekten er Kapazitäten abziehen kann. Oder Sie stellen gemeinsam fest, dass das Projekt wegen personeller Engpässe absolut nicht zu machen ist.

Das Gebot der Schriftform

Vorsicht, Falle: Falls Sie die Priorisierung nur mündlich verhandeln, passiert es sehr häufig, dass Ihr Auftraggeber diese mündliche Priorisierung schon 20 Minuten später wieder vergessen hat (was menschlich ist). Daher:

- Notieren Sie die Priorisierung mit.
- Versehen Sie jedes Projekt mit der zugehörigen gebundenen Personalkapazität.

Nur die Schriftform ist eine geeignete Verhandlungsbasis. Das Gebot der Schriftform gilt übrigens für sämtliche Dinge, die Sie mit Ihrem Auftraggeber verhandeln, besprechen, planen, vereinbaren...

Erste Hilfe bei hoffnungslosen Fällen

Einige Auftraggeber verstehen nichts von Kapazitätssteuerung und wollen auch nicht, dass Sie als Projektmanager Ihnen die dafür nötige Priorisierung beibringen. Was tun Sie?

Sie ziehen auf eigene Rechnung Kapazitäten aus nachrangigen Projekten ab? Das sollten Sie nicht tun. Denn wenn das herauskommt, wird jeder jedes kleine Projektproblem auf Ihre Eigenmächtigkeit schieben.

Eine bessere Lösung ist die Verhandlungslösung: Verhandeln Sie hartnäckig!

Diese Lösung hat eine Erfolgsgarantie, weil Sie das Überraschungsmoment und die stärkere Position auf Ihrer Seite haben: Auftraggeber erwarten nicht, dass Sie verhandeln (können), und können es (entgegen anders lautenden Managementmythen) auch nicht besonders gut.

Verhandeln in schwierigen Fällen

Verhandeln Sie mit einem verstockten Auftraggeber über

- einen teilweisen Abzug von Kapazitäten aus nachrangigen Projekten. Bringen Sie ihn zu einer Entscheidung, indem Sie zuspitzen: «Was tut mehr weh – wenn Projekt 5 oder Projekt 3 wegen Kapazitätsmangel floppt oder in die Länge gezogen wird?»
- einen Zukauf von externen Kapazitäten von Zeitarbeit bis Vergabe von externen Aufträgen. Das Projekt wird dadurch teurer: Ist das okay?
- Wenn es nicht teurer werden darf, darf es dann länger dauern, weil weniger Kapazitäten weniger Leistung pro Woche bringen?
- Wenn es nicht länger dauern darf: Wo kann der Lieferumfang gekürzt werden? Priorisieren Sie den Lieferumfang: Was ist absolut nötig? Was ist schön, aber nicht nötig? Was ist verzichtbar? Was ist für eine Minimallösung nötig?
- Wenn Sie diese vier Verhandlungsoptionen konsequent einbringen, ergibt sich immer eine bessere Lösung, als wenn Sie ohne ausreichende Kapazitäten das Unmögliche möglich machen wollen.

Zweite Hilfe: Das Projekt-Ranking

In den meisten Fällen lassen Auftraggeber mit sich reden, wenn Sie die Verhandlung suchen – denn gute Auftraggeber sind weder dumm noch bösartig. Die guten Auftraggeber sehen sogar früher oder später ein, dass es «so nicht weitergehen kann»! Sie suchen eine langfristige Lösung für die unerträgliche Projektlawine. Dabei greifen Sie oft zur ABC-Kategorisierung. Ein fataler Fehler: Die ABC-Analyse ist zur Priorisierung von Projekten ungeeignet.

Denn was nützt es Ihnen, wenn Sie 50 Projekte als A-Projekte identifiziert haben? Können Sie dann noch ein einundfünfzigstes hereinnehmen? Diese entscheidende Frage kann die ABC-Analyse nicht beantworten.

Das Einzige, was bei der Projektpriorisierung hilft, ist das Ranking.

Sie geben jedem Projekt eine Rangzahl und ziehen irgendwo die durch Ihre vorhandenen Kapazitäten gegebene so genannte *Cut Line*: Jedes Projekt, das wegen seiner Rangzahl jenseits dieser Linie liegt, kann aus kapazitären Gründen nicht gemacht werden.

Treiben Sie als Projektmanager die Idee des Ranking voran. Suchen Sie Verbündete im Topmanagement (aber niemals gegen den eigenen Auftraggeber!). Bilden Sie eine Veränderungsfraktion mit gleichgesinnten Kollegen und bringen Sie den Vorschlag so oft und so lange und so freundlich, aber bestimmt vor, bis er angenommen wird. Dann bieten Sie sich als Projektmanager oder Projektmitglied für das Projekt-Ranking an.

Wenn Sie ranken, ranken Sie nicht zu oft. Es gibt Unternehmen, in denen das Ranking wöchentlich umgeschmissen wird: Das Chaos ist unbeschreiblich. Einmal im Quartal reicht.

3. «Wir haben nicht die richtigen Leute!»

☎ **Das Problem:**
Sie bekommen nicht die richtigen Leute für Ihr Projekt.

✚ **Die erste Hilfe:**
Auch mit einer Amateurmannschaft können Sie den FC Bayern aus dem DFB-Pokal werfen – wenn Sie wissen, wie.

Das Problem:
Mit diesen Leuten? Unmöglich!

Überraschend viele Projektunfälle, welche schnelle erste Hilfe erfordern, passieren, noch bevor das Projekt richtig in Gang kommt. Einer dieser Unfälle: Der Projektmanager kriegt zwar ein Projekt – aber nicht jene Leute aus den Fachabteilungen, die er braucht, um ein gutes Projektergebnis zu erzielen.

Die meisten Projektmanager kriegen nicht die gewünschten Fachleute für ihr Team.

Warum ist das so? Weil heutzutage jedes normale Unternehmen viel zu viele Projekte hat. Resultat: Jeder Fachmann, der halbwegs etwas drauf hat, ist hoffnungslos überbucht. Und obwohl das so ist, presst irgendein Topmanager noch ein Projekt rein und noch ein Projekt und noch ein … Und Sie müssens ausbaden!

Das heißt, Sie müssen Ihre ohnehin meist hoch gesteckten Projektziele mit einer Art Ersatzmannschaft erreichen: Leute aus der zweiten Reihe, Teammitglieder mit mangelnder Erfahrung oder Kompetenz, innerlich

Emigrierte, Demotivierte, Geparkte, Quertreiber, Streithähne, Greenhorns, Besserwisser, kurz: Mit Amateuren sollen Sie professionelle Ergebnisse liefern.

In dieser Zwickmühle wählen unerfahrene Projektmanager meist einen Holzweg.

Der Holzweg: Amateure wie Profis behandeln

Unerfahrene Projektmanager, welche professionelle Ergebnisse brauchen, aber nur «Amateure» zur Verfügung haben, beißen meist die Zähne zusammen und versuchen, das für Topleute geplante und konzipierte Projekt nun einfach mit Amateuren zu den gewünschten Zielen zu bringen. Das ist ein Fehler. Denn das funktioniert niemals oder nur unter exorbitant hohen persönlichen Opfern. Wollen Sie diese wirklich bringen?

Mit Amateuren können Sie kein Projekt durchziehen, das für Profis geplant wurde.

Müssen Sie also das Projekt zurückgeben? Nein. Sie müssen das Projekt, das für die erste Sturmreihe geplant wurde, ganz einfach für die zweite Sturmreihe umplanen.

Erste Hilfe: Personenbezogene Planung

Jede Planung ist personenbezogen. Wenn ein Teammitglied aus der ersten Reihe drei Wochen für ein bestimmtes Arbeitspaket benötigt, braucht ein Mitglied aus der zweiten Reihe eben vier oder fünf. Wenn es ein totaler Newcomer ist, braucht er oder sie gar sechs oder sieben.

Passen Sie Ihre Projektplanung Ihren personellen Ressourcen an – und unterrichten Sie den Auftraggeber davon!

Sie können Haus und Hof darauf verwetten, dass der Auftraggeber nicht davon begeistert sein wird. Doch kein Auftraggeber ist so dumm, zu fordern: «Auch das Greenhorn im Team muss das in drei Wochen schaffen!» Und selbst wenn Sie so einen Auftraggeber haben sollten, wissen Sie bereits (siehe Kapitel 2, Seite 23 ff.), was Sie darauf antworten müssen: «Okay, wir schaffen es in drei Wochen – wenn wir externe Kapazität zukaufen dürfen. Dann erhöht sich das Budget entsprechend. Das darf es nicht? Welche Leistungsmerkmale könnten wir dann weglassen? Welche im Ausmaß reduzieren?» Verhandeln Sie freundlich, aber beinhart mit Ihrem Auftraggeber bis zu einem konsensfähigen Ergebnis. Wenn Sie selbst Auftraggeber sind: Gratulieren Sie sich zu einem Projektmanager, der Ihre Entscheidungen so hervorragend vorbereitet.

Der größere Unfall: Störer im Team!

Wenn Projektmanager klagen, dass sie nicht die richtigen Leute im Team hätten, dann meinen sie damit oft auch Querulanten, Besserwisser oder Choleriker. Diese Störer beschädigen das Arbeitsklima im Team, so dass die Arbeitsleistung oft stark sinkt und der Projekterfolg bedroht ist – ganz zu schweigen vom Ärger und dem Stress, den Störer verursachen.

Der Störer im Team ist ein typischer Fall von unterlassener Hilfeleistung. Denn die meisten Projektmanager leisten wegen der beständigen Störungen nicht erste Hilfe, sondern schauen einfach weg: «Die kriegen sich schon von alleine wieder ein. Sind schließlich alles erwachsene Leute.» Das ist eine Hoffnung, die sich nie erfüllt und hohe Kosten in Form von Produktivitätsausfällen verursacht.

Störer entstören

Stört ein Störer nicht nur gelegentlich, sondern überwiegend, dann:

- Ignorieren Sie die Störung nicht länger.
- Suchen Sie das Vier-Augen-Gespräch (durchaus informell und zwanglos) mit dem Störer.
- Machen Sie ihm/ihr keine Vorwürfe. Aus der privaten Beziehung wis-

sen wir: Vorwürfe der Marke «Drück doch nicht immer die Zahnpasta von oben aus!» bringen keine dauerhafte Lösung zur beiderseitigen Zufriedenheit. Dasselbe gilt für Appelle, Ratschläge (auch Ratschläge sind Schläge) und gut gemeinte Tipps.

- Menschen ändern sich erst und nur, wenn ihre Interessen berücksichtigt werden.
- Also finden Sie zuerst heraus, was der Störer mit seinen Störungen bezweckt. Fragen Sie ihn/sie: Worum geht es Ihnen eigentlich? Was ist Ihnen dabei wichtig? Wozu machen Sie es?
- Hören Sie aufmerksam zu und beurteilen Sie seine Interessenaussage nicht (Urteile sind Verurteilungen).
- Fragen Sie ihn, ob er sich vorstellen könne, wie sein Verhalten auf andere wirkt.
- Fragen Sie, ob er Möglichkeiten sieht, wie jeder seine Interessen wahren könne.
- Einigen Sie sich auf eine dieser Möglichkeiten.
- Vereinbaren Sie ein Zeichen, das Sie als Moderator ihm auf Team-Meetings geben dürfen, wenn er wieder unabsichtlich ins alte Störmuster verfällt.
- Bedanken Sie sich für sein Verständnis und seine Kooperation.

Sie finden diese Technik der Entstörung einfach und einleuchtend? Das ist sie. Sie glauben, dass Sie sie nicht ohne Übung anwenden können? Das stimmt. Entweder üben Sie für sich, im Lernzirkel, im Coaching oder im Seminar. Wählen Sie.

Anwendungshemmnisse

Unerfahrene Projektmanager begehen bei der Technik der Entstörung einige Anfängerfehler, die Sie vermeiden möchten.

So sprechen unerfahrene Projektmanager vor versammeltem Team mit dem Störer («das macht mehr Druck, wenn er sieht, dass er alle gegen sich hat»). Das stimmt. Wie reagieren Störer auf Druck? Mit Einsicht? Nein, das ist Wunschdenken. Als erfahrener Projektmanager wissen Sie: Druck erzeugt Gegendruck. Suchen Sie immer (zuerst) das Vier-Augen-Gespräch. Kollektiv «abwatschen» sollten Sie nur, wenn alle Stricke reißen.

Unerfahrene Projektmanager haben auch ein generelles Problem: «Das ist doch nicht meine Aufgabe, Störer zur Räson zu bringen!» Doch, das ist es. Das wird von Ihnen erwartet. Ohne diese Moderation erreichen Sie nämlich Ihre Projektziele nicht.

Sie dürfen zwar über Störer stöhnen. Doch Sie müssen mit dem zurechtkommen, was Sie haben.

Also legen Sie sich die entsprechende Moderationskompetenz zu.

Das DFB-Pokal-Phänomen

Lohnt es sich überhaupt, mit einem zweitklassigen Team ein Projekt zu beginnen? Aber hallo! Unerfahrene Projektmanager sind meist so enttäuscht darüber, dass sie nicht die Superexperten bekommen, dass sie innerlich die Flinte ins Korn werfen. Das ist wenig vernünftig: Oft liefern «zweitrangige» Teams bessere Ergebnisse als die Superteams!

Warum? Weil Fachleute in der zweiten Reihe nur darauf brennen, endlich mal aus der zweiten Reihe heraustreten zu dürfen – und sei es nur für ein Projekt; Ihr Projekt. Außerdem sind gerade Amateurteams viel leichter und stärker zu motivieren als Profiteams (was wir jedes Jahr im DFB-Pokal erleben).

Unterschätzen Sie niemals die Amateure in Ihrem Team. Nutzen Sie die Chance, aus Ihrem Team etwas ganz Großes zu machen!

4. «Das Arbeitspaket hat Verspätung!»

☎ **Das Problem:**
Man hat Sie terminlich hängen lassen!

✚ **Die erste Hilfe:**
Krisensitzung!
Vorbeugung: Zwischentermine als Frühwarnsystem vereinbaren.

Das Problem der fehlenden Verbindlichkeit und seine Holzwege

Dieser Unfall passiert im Projektmanagement fast täglich: Ihnen wird die Lieferung eines Arbeitspaketes bis zum ... zugesagt – und eine Woche danach ist das Paket immer noch nicht da! Was tun Sie?

Sie ärgern sich. Sie konstatieren beunruhigt eine Gefährdung Ihres Projektes: Oft kann der Rückstand nämlich nicht mehr aufgeholt werden oder hält andere Arbeitspakete unnötig auf. Nach diesem ersten Ärger beschreiten Sie mit hoher Wahrscheinlichkeit einen Holzweg:

- Sie warten, bangen und hoffen, dass der (interne) Lieferant «hoffentlich nächste Woche» liefern wird. Dieser Hoffnung, so unberechtigt sie ist, gibt man sich umso lieber hin, je stärker man den Konflikt mit dem Säumigen scheut.

- Sie warten nicht (länger), sondern treten dem Wortbrüchigen entgegen und «falten ihn zusammen», wie es im Bürojargon heißt. Wirkt das? Im Gegenteil. Der Angegriffene rechtfertigt sich mit fadenscheinigen Ausreden. Der schwarze Peter wird hin und her geschoben – davon wird das säumige Arbeitspaket nicht schneller fertig! Im Gegenteil, es dauert noch länger.

- Sie petzen beim Chef. Dieser macht dem Säumigen Druck. Danach ist das Vertrauensverhältnis zwischen dem säumigen Teammitglied und Ihnen ge- oder zerstört.
- Sie machen Feierabend- und Wochenendarbeit, um im Alleingang den Rückstand aufzuholen, wodurch spätestens nach der dritten Aufholjagd Ihr Privatleben zerrüttet ist.

Fazit: Keiner der Holzwege hilft, wenn Sie hängen gelassen werden (deshalb heißen sie Holzwege). Was stattdessen tun? Erste Hilfe leisten.

Erste Hilfe: Krisensitzung!

Berufen Sie die Krisensitzung ein

- Trommeln Sie Ihr Team zusammen und schildern Sie die Verzögerung kurz und vorwurfsfrei (dass das komplette Team sein Versäumnis ausbaden muss, diszipliniert den Säumigen besser als jeder Vorwurf).
- Fragen Sie in die Runde: Wie können wir die Verzögerung wieder wettmachen? Meist findet das Team eine gute Lösung.
- Falls der Verzug nicht aufzuholen ist: Informieren Sie den Auftraggeber! Gewiss: Das schmerzt – aber noch viel heftiger schmerzt es, wenn Sie es ihm nicht sagen und er es am (verspäteten!) Projektende sowieso bemerkt und Ihnen schwere Vorhaltungen macht!
- Geben Sie ihm eine sachlich begründete Erklärung für die Verspätung (damit er Ihnen später nicht vorhalten kann, Sie hätten ihm nichts gesagt).
- Falls Ihr säumiges Teammitglied die Verspätung nicht zu verantworten hat, weil es zum Beispiel vom eigenen Vorgesetzten ausgebremst wird, holen Sie sich das Einverständnis des Teammitglieds und sprechen Sie mit dessen Vorgesetzten. Fragen Sie ihn nach den Hintergründen.
- Danach geben Sie diese Erklärung an Ihren Auftraggeber weiter mit

der Bitte, sich mit dem Vorgesetzten in Verbindung zu setzen und die Sache zu regeln. (Selbst wenn er das nicht tut, sind Sie aus dem Schneider: Denn jetzt ist die Angelegenheit seine Sache.)

Vorbeugen ist besser als heilen

Gerade bei nicht eingehaltenen Terminzusagen können Sie sehr gut erkennen, wie kompetent ein Projektmanager in erster Hilfe ist. Sie können daran aber auch erkennen, wie kompetent er vorgeht. Bei Unzuverlässigkeit wirkt Vorbeugung besser als erste Hilfe. Im Klartext: Lassen Sie es erst gar nicht so weit kommen, dass man Sie hängen lässt! Und das geht so:

Vorbeugung gegen Versäumnisse

- Warten Sie nicht, bis es zu spät ist, sondern vereinbaren Sie Checkpoints in Form von Terminen für Zwischenergebnisse von Arbeitspaketen. Dann wissen Sie sehr viel früher über Verspätungen Bescheid, als wenn Sie es erst am Endtermin erfahren. Sie können früher eingreifen und gegensteuern.
- Geben Sie diese Zwischentermine niemals vor, weil vorgegebene Termine mit hoher Wahrscheinlichkeit nicht eingehalten werden. Vereinbaren Sie Termine stattdessen einvernehmlich: Zielvereinbarungen wirken besser als Zielvorgaben.
- Stellen Sie beim ersten Zwischentermin eine Verspätung fest, dann passen Sie umgehend Ihre Projektplanung an. Dies ist viel einfacher, als die Planung nach einem verspäteten Endtermin zu korrigieren. Sie können dadurch den Endtermin für das Arbeitspaket und das Projekt immer noch halten, wenn Sie zum Beispiel Aufgaben umschichten oder Nachfolge-Arbeitspakete neu terminieren.

5. «Der Fachbereich hat das Falsche geliefert!»

☎ **Das Problem:**
Sie wollten ein X und bekommen ein U geliefert!

✚ **Die erste Hilfe:**
Nachbessern oder neu planen.
Vorbeugung: Kontrollieren Sie Zwischenergebnisse!

Das Problem und sein Holzweg

Auch dieser Unfall passiert fast täglich. Sie haben klipp und klar mit einem Teammitglied oder einem anderen (internen) Lieferanten vereinbart, dass er etwas ganz Bestimmtes zu liefern hat. Dies hat er auch zugesagt – doch nun liefert er Ihnen etwas ganz anderes! Jetzt stehen Sie natürlich schön blöd da.

Was tun? Hüten Sie sich davor, den Holzweg zu beschreiten und darauf zu hoffen, dass die Fehllieferung

* niemandem auffällt, und wenn doch,
* irgendwie ausgeglichen werden kann.

Der Projektmanager für ein neues Gartengerät bekommt von der Abteilung F&E einen viel zu schwachen Motor geliefert. Er meint: «Dann müssen wir das eben mit einem besseren Getriebe wettmachen!»

Leider erweist sich diese Überlegung fast immer als unberechtigte Hoffnung. Hoffen Sie nicht. Leisten Sie erste Hilfe.

Erste Hilfe: Kompensieren, nachbessern oder neu planen

Erste Hilfe bei Fehllieferungen

- Hoffen Sie nicht, dass Sie die Fehllieferung «irgendwie» ausgleichen können.
- Prüfen Sie diese Hoffnung stattdessen an harten Fakten, Simulationen und Tests: Was könnte diese Fehllieferung ausgleichen? Kann es das tatsächlich? Gibt es dafür zuverlässige Erfahrungen, Tests und Vergleichszahlen? Wurde so ein Manko schon jemals tatsächlich ausgeglichen? Kommen wir an diese Vergleichsdaten heran? Gewiss: Diese Hoffnungsprüfung ist Mehraufwand. Doch akzeptieren Sie diesen nicht, haben Sie danach noch viel mehr Aufwand und vor allem Ärger, wenn Sie die Fehllieferung nicht wie angenommen ausgleichen können.
- Fällt die Prüfung negativ aus und Sie können nicht ausgleichen, dann informieren Sie Ihren Lieferanten vorwurfsfrei und nachvollziehbar (anhand der harten Prüffakten) darüber.
- Fragen Sie ihn dann, ob er nachbessern kann.
- Verhandeln Sie mit allem Nachdruck über diese Nachbesserung.
- Passen Sie Ihre Projektplanung entsprechend an: Nachbesserungen dauern und kosten.
- Falls der Lieferant nicht nachbessern kann, müssen Sie Abstriche vom Projektergebnis machen.
- Darüber müssen Sie wiederum Ihren Auftraggeber informieren, damit Sie sich nicht am Projektende dem Vorwurf aussetzen: «Aber das ist ja gar nicht, was ich wollte!» Das heißt, er hält Ihnen eine Fehllieferung vor, bloß weil einer Ihrer Lieferanten Ihnen eine Fehllieferung andrehte.
- Informieren Sie Ihren Lieferanten vorwurfsfrei und sachlich darüber, dass Sie den Auftraggeber informiert haben. Dies diszipliniert ihn weitaus stärker als jeder Vorwurf.

Die Vorbeugung: Zwischenergebnisse vereinbaren

Ein deutsches Unternehmen braucht einen neuen Motor für ein neues Produkt. Die Markteinführung ist für den Herbst 2001 geplant. Den Zuschlag bekommt ein italienischer Motorenhersteller. Vertraglich vereinbart ist eine sechsmonatige Entwicklungszeit. Einen Monat vor Ende dieser Zeit fliegt eine dreiköpfige Delegation nach Italien, um sich über den Entwicklungsstand zu informieren und erleidet fast einen kollektiven Infarkt: Es wurde ein komplett falscher Motor entwickelt, der außerdem gar nicht in das vorgegebene Chassis passt! Die Markteinführung verzögert sich um neun Monate, weshalb ein großer Handelskunde abspringt. Der resultierende Umsatzverlust ist größer als die komplette Projektsumme!

Dumm gelaufen? Nein, dumm geplant. Dies erkannte auch die Geschäftsführung und entließ den Projektmanager umgehend mit dem nicht zu entkräftenden Vorwurf: «Wie konnten Sie erst so spät bemerken, dass der Lieferant an der Spezifikation vorbeientwickelt hat?» Wie konnte er? Indem er erst kurz vor Endtermin prüfte, statt schon zwischendurch (siehe auch Kapitel 4, Seite 32 f.):

Vereinbaren Sie vor allem für kritische Arbeitspakete eine ausreichende Anzahl von Zwischenterminen – als Checkpoints.

Geben Sie Zwischentermine und -ergebnisse niemals vor. Vereinbaren Sie sie stattdessen. Vereinbarungen werden eher eingehalten als Vorgaben (weil kein Mensch etwas sabotiert, wozu er selbst Ja gesagt hat. Zu Vorgaben sagt man nicht Ja, weshalb man sie leichter sabotieren kann). Natürlich ist es leichter, Zwischentermine vorzugeben. Dafür ist es erfolgreicher, sie zu vereinbaren. Leicht oder erfolgreich – wofür entscheiden Sie sich? Sie sehen daran auch: Mit dem Instrument der Zwischentermine können Sie sowohl verhindern, dass man Sie terminlich hängen lässt, als auch, dass man Ihnen das Falsche liefert.

6. «Ein Abteilungsfürst lässt uns hängen!»

☎ **Das Problem:**

Ein Abteilungsleiter blockiert Personal und Ressourcen und stellt sich bei Problemen im Projekt quer.

+ Die erste Hilfe:

Falls er aus Kostengründen blockiert: Sichern Sie ihm einen Nachweis über den Verbleib seiner Kosten in Ihrem Projekt zu.

Falls er seinen Nutzen nicht sieht: Machen Sie eine Nutzen-Massage.

Das Problem und sein Holzweg

Es kann der frömmste Projektmanager nicht in Frieden leben, wenn es einem bösen Linienfürsten nicht gefällt. Die meisten Abteilungsleiter unterstützen zwar die Projekte, in denen ihre Mitarbeiter als Projektmitglieder mitarbeiten. Doch es gibt auch etliche Abteilungsleiter, welche

- dringend benötigtes Personal blockieren: «Tut mir Leid, den Mann kann ich euch nicht geben!»
- Ressourcen blockieren: «Das Labor ist im nächsten Quartal ausgebucht.»
- das Projekt bei Problemen ganz einfach dadurch hängen lassen, dass sie sich verleugnen lassen: «Der Abteilungsleiter hat gerade keinen Termin für ein Gespräch frei.»
- kurz gesagt Ihr Projekt hängen lassen, weil sie nur daran interessiert sind, dass ihre Abteilung gut dasteht.

Sabotiert ein Abteilungsleiter Ihr Projekt, sehen Sie alt aus: Was können Sie als kleiner Projektmanager schon gegen so ein hohes Tier ausrichten? Diese spontan empfundene Hilflosigkeit erklärt die Wahl zweier beliebter Holzwege:

- Der Projektmanager resigniert und versucht, eben ohne die nötige Unterstützung sein Projekt durchzuziehen. Das geht immer schief oder fordert unbillige persönliche Opfer, weil ein Einzelner niemals die Leistungen einer kompletten Fachabteilung oder eines Experten dieser Fachabteilung erbringen kann.
- Der Projektmanager läuft zu seinem Auftraggeber und «petzt», worauf der Auftraggeber Druck macht. Der Linienfürst buckelt zwar nach oben, tritt dann aber nach unten. Und unten sind im Zweifelsfalle Sie. Der Gang zum Auftraggeber ist ein Eigentor.

Erste Hilfe: Vorteile verschaffen

Resignieren Sie nicht, laufen Sie nicht gleich zum Auftraggeber. Jammern Sie nicht (allzu sehr und allzu lange): «Der Abteilungsleiter spinnt doch! Der lässt uns eiskalt am ausgestreckten Arm verhungern!» Jammern erleichtert zwar, aber es ändert nichts.

Können Sie als kleiner Projektmanager überhaupt etwas gegen den großen Abteilungsleiter unternehmen? Aber sicher. Auf jeden Goliath kommt (mindestens) ein David.

Machen Sie es wie David. Fragen Sie sich und den Abteilungsleiter:

- Worum gehts wirklich? Welche Interessen verfolgt er mit seiner Blockade? Was sind seine Motive? Fragen Sie ihn danach und hören Sie aufmerksam zu. Finden Sie seine Interessen heraus.
- Wie können Sie den Abteilungsleiter zur Zusammenarbeit motivieren? Indem Sie die Motive berücksichtigen, die er Ihnen eben genannt hat. Wahren Sie seine geäußerten Interessen. Zeigen Sie ihm, wie Sie ihm Vorteile verschaffen können, die seinen Motiven dienen.

Wie Sie das anstellen, betrachten wir für die zwei häufigsten Motive von blockierenden Abteilungsleitern: Beim einen will der Abteilungsleiter seine Kosten klein halten, beim anderen sieht er seinen Nutzen nicht.

Der Abteilungsleiter blockiert aus Kostengründen

Wenn ein Abteilungsleiter Ihr Projekt blockiert, dann meist nicht, weil er spinnt oder bösartig ist. Wenn Sie, wie oben skizziert, seine Interessen hinterfragen, kommt als Motiv für seine Blockadehaltung oft ans Licht: Abteilungsleiter sind für ihre Kosten verantwortlich, nicht für Ihr Projekt.

Ein Abteilungsleiter wird an seiner Produktivität oder seiner Wirtschaftlichkeit gemessen. Wenn er Ihnen jedoch Personal oder Ressourcen abtritt, dann werden ihm die Kosten dafür belastet, ohne dass er dafür Leistung vorzuweisen hat (denn die Leistung wird ja nicht in seiner Abteilung, sondern Ihrem Projekt erbracht). Die Folge: Seine Produktivität und seine Wirtschaftlichkeit sinken. Statt bei ihm in der Abteilung zum Beispiel Turbinen zu konstruieren, konstruieren seine Mitarbeiter in Ihrem Projekt Antriebswellen – diese Zeit fehlt dem Abteilungsleiter für seine Turbinen, obwohl er sie bezahlen muss. Auf Deutsch: Ihretwegen und wegen Ihres Projektes erreicht er womöglich seine Jahresziele nicht und bekommt seinen Bonus nicht! Sie sehen: Wenn ein Abteilungsleiter Sie aus diesem Grund blockiert, dann nicht, weil er spinnt, sondern aus gutem Grund. Sie würden es an seiner Stelle genauso machen!

Natürlich könnte die Unternehmensleitung diese Blockade, unter der meist sämtliche Projekte im Unternehmen leiden, ganz schnell beseitigen, wenn für Projekte separate Kostenstellen ausgewiesen würden. Bei projektkompetenten Geschäftsleitungen ist das auch selbstverständlich. Leider sind nur die wenigsten Topmanager multiprojektkompetent. Das bedeutet für Sie:

- Treiben Sie das Vorhaben voran, für Projekte eigene Kostenstellen einzurichten. Bilden Sie Fraktionen mit Gleichgesinnten, schreiben Sie Memos, löchern Sie damit jeden Topmanager, der Ihnen über den Weg läuft, spannen Sie anwesende Trainer und Berater als Fürsprecher ein.

• Bis es so weit ist: Bieten Sie dem blockierenden Abteilungsleiter wenigstens das an, was Sie anbieten können.

Bieten Sie einem aus Kostengründen blockierenden Abteilungsleiter an, dass Sie für seine im Projekt gebundenen Mitarbeiter die geleisteten Personentage dokumentieren.

Wenn am Ende des Jahres der Vorgesetzte zum Abteilungsleiter sagt: «Warum haben Sie pro Produkteinheit jeweils zwei Stunden länger gebraucht als letztes Jahr?», dann kann dieser erwidern: «Weil diese zwei Stunden in folgende fünf Projekte gingen. Sehen Sie, hier sind die geleisteten Personentage der Mitarbeiter, aufgelistet von den jeweiligen Projektmanagern.» Dann ist der Abteilungsleiter aus dem Schneider. Das ist sein Vorteil. Bieten Sie ihm diesen an. In den meisten Fällen gibt er dann seine kostenorientierte Blockade auf.

Der Abteilungsleiter blockiert, weil er seinen Nutzen nicht sieht

Sehr häufig werden Sie bei Ihrer Interessenerkundung (s. o.) herausbekommen, dass der Abteilungsleiter Sie blockiert, weil er keine Ahnung hat, «was das Ganze überhaupt soll. Wozu soll denn so ein Projekt überhaupt gut sein?»

In erster Hilfe unerfahrene Projektmanager reagieren darauf mit Frust und Zorn: «Das muss doch jedem klar sein, wie wichtig unser Projekt für den Betrieb ist.» Das muss es nicht – das sehen Sie ja am Abteilungsleiter. Denn wenn ers wüsste, würde er nicht blockieren. Außerdem: Was dem Unternehmen gut tut, muss noch lange nicht dem Abteilungsleiter gut tun. Was würden Sie denn davon halten, ab sofort jede Woche 20 unbezahlte Überstunden (mehr) zu machen? Nichts? Aber warum denn? Das tut doch dem Unternehmen gut!

Zeigen Sie den Nutzen auf: Die Nutzen-Massage

- Zeigen Sie dem Abteilungsleiter nicht, wie wichtig das Projekt für Sie oder das Unternehmen ist.
- Zeigen Sie ihm vielmehr, wie wichtig es für ihn ist. Wie? Indem Sie zeigen, welchen Nutzen er und seine Abteilung davon hat, wie sehr es seine Arbeit erleichtert, ihm Kosten spart, Prozesse beschleunigt … oder ihn einfach nur gut aussehen lässt, weil er dabei war.
- Argumentieren Sie dabei mit dem Unterton: Sein Beitrag ist einer der wichtigsten im Projekt überhaupt. Ein Manager engagiert sich umso eher, je stärker es ums Prestige geht.
- Sagen Sie ihm, dass Sie es jedem, auch den hohen Tieren, aufs Brot schmieren, wie stark er sich doch engagiert hat. Auch das nutzt ihm.

Das Anwendungshemmnis

In erster Hilfe unerfahrene Projektmanager wenden ein: «Aber der Abteilungsleiter muss doch sehen, was ihm mein Projekt bringt. Das ist doch nicht meine Aufgabe, es ihm zu zeigen!» Schön wärs ja. Doch wenn er seinen Nutzen nicht sieht und Sie blockiert, was machen Sie dann? Dumm aus der Wäsche gucken? Das reicht leider nicht.

Es ist nicht Ihre Aufgabe, einen Abteilungsleiter zu überreden. Aber es ist sehr wohl Ihre Aufgabe, ihn auf seinen Nutzen aufmerksam zu machen, wenn er ihn nicht sieht. Wer sollte es sonst für Sie tun?

So schlimm ist das auch gar nicht, wie Sie jetzt vielleicht meinen. Sie werden sehr schnell merken: Wenn Sie einem blockierenden Abteilungsleiter keinen Druck machen (Druck erzeugt Gegendruck), sondern

- vorwurfsfrei auf ihn zugehen und
- einfach nur freundlich und höflich seine Geschichte von der großen Arbeitsbelastung und den Kostennöten anhören und
- ihn fragen, ihn bitten, Sie doch zu unterstützen,

dann ist er meist so überrascht, dass er sich für Ihren Wunsch öffnet und Ihnen hilft. Denn er ist es nicht gewohnt, dass jemand ihn höflich, freundlich und zielbewusst fragt und bittet.

Mit freundlicher Kooperation erreichen Sie mehr als mit sturem Kampf.

7. «Die Projekt-Richtlinien sind total veraltet!»

☎ Das Problem:
Alle erwarten, dass Sie Ihren Job richtig machen. Doch das Handbuch, in welchem steht, wie mans richtig macht, ist total veraltet und überholt!

✚ Die erste Hilfe:
Fragen Sie die alten Hasen!
Stellen Sie Ihre eigenen Regeln auf!

Das Problem: Jeder erwartet einen Topjob von Ihnen – doch keiner sagt Ihnen, was Sie dafür tun müssen!

Frisch gebackene Projektmanager und Projektmanager, welche den Arbeitgeber gewechselt haben, erleben bei ihrem ersten Projekt oder bei Neuland-Projekten meist schon den Super-GAU, bevor noch das Projekt gestartet ist: Sie bekommen den Projektauftrag, ihnen schlägt von überallher die Erwartung entgegen, dass sie einen hervorragenden, perfekten Job abliefern – doch das obligatorische PM-Handbuch des Unternehmens, in welchem üblicherweise steht, was darunter verstanden wird, wie Projekte in diesem Unternehmen ablaufen, welche Techniken und Organisationsformen eingesetzt werden können, sollten oder müssen – dieses Buch ist total veraltet! In vielen Unternehmen ist es seit zehn Jahren nicht mehr wesentlich überarbeitet worden. Man denke! Eigentlich ist so eine Schlamperei als gültige Selbstzerstörung auf Raten zu werten – doch wir wissen ja, wie es in der operativen Hektik des Alltags aussieht.

44

Es gibt eben so viel Dringendes, welches das Wichtige tagein, tagaus verdrängt …

In solchen veralteten PM-Handbüchern tauchen zum Beispiel Steuerungsgremien auf, die sich schon so lange aufgelöst haben, dass sich kein Mensch mehr an sie erinnern kann. Wer steuert denn dann die Projekte? Es sind Formblätter drin, welche als absolut verbindlich bezeichnet sind – welche aber heute kein Mensch mehr verwendet! Welche dann? Und so läuft der Projektmanager fragend durchs Haus: Wie werden denn hier Projekte angepackt? Was muss ich tun? Wo ist das geregelt? Und erfährt als Antwort: Nirgends!

Wenn der Projektmanager sich in seiner Not dann – besser als nichts – eben an das alte PM-Handbuch hält, lachen ihn die alten Hasen aus: «Aber das behindert doch mehr, als es nützt! Daran hält sich doch schon lange keiner mehr!» Woran dann?

Erste Hilfe: Alte Hasen fragen!

Ist das PM-Handbuch veraltet: Fragen Sie die alten Hasen!

- Suchen Sie einige alte Hasen auf und fragen Sie sie: Welche Techniken und Prozessschritte könnte ich für mein Projekt benutzen? Was passt zu meinem Projekt?
- Was davon ist absolut notwendig, was nützlich, was nur nett?
- Was kann ich mir sparen, weil es nicht zu meinem aktuellen Projekt passt?
- Welche Inhalte des veralteten Handbuches sind noch aktuell und nützlich?
- Fragen Sie sich selbst: Welche Regeln und Vorgehensweisen müssen wir, weil weder alte Hasen noch altes Handbuch weiterhelfen können, eben selber im Projekt vereinbaren?

Anwendungshemmnisse

Die Erste-Hilfe-Maßnahme, sich seine eigenen Projektregeln zu basteln – wenn alte Hasen und altes Handbuch nicht weiterwissen – leuchtet jedem Projektmanager ein. Viele tuns trotzdem nicht. Warum nicht? Weil sie zu wenig Selbstvertrauen haben. Sie möchten, dass ihnen irgendjemand sagt oder es irgendwo steht, was sie zu tun haben. Das ist zwar verständlich, entspricht aber nicht dem Jobprofil Ihrer Aufgabe:

Ein Projektmanager folgt nicht (nur) ausgetretenen Pfaden. Wenn nötig, schlägt er die Pfade eben selber. Dafür wird er bezahlt.

Trauen Sie sich ruhig etwas zu. Stellen Sie zusammen mit Ihrem Team eigene Regeln auf, erfinden Sie neue Projekttechniken und Prozessschritte, wann immer es Ihnen nötig erscheint. Sie sind der Kapitän auf Ihrem Projektschiff – also tun Sie auch alles, damit Ihre Mannschaft den Kurs halten kann. Brauchen Sie bestimmte Rahmenbedingungen? Dann schaffen Sie sich diese, so weit Sie können, immer selbst – bevor Sie darauf warten, dass es jemand anderer für Sie tut. Selbst ist der Mann und die Frau.

Viele in erster Hilfe unerfahrene Projektmanager trauen sich auch nicht, alte Hasen zu fragen. Sie fürchten die Ablehnung der erfahrenen Kollegen. Diese ernten Sie auch unter Garantie, wenn Sie hochnäsig und forsch auftreten und Unterstützung einfordern, statt darum zu bitten.

Stoßen Sie alte Hasen nicht vor den Kopf, profilieren Sie sich nicht als Besserwisser oder Trittbrettfahrer. Zeigen Sie vielmehr den Respekt und die ehrlich empfundene Achtung vor der Erfahrung der alten Hasen. Erwähnen Sie, dass Sie vor keinem einen Hehl daraus machen werden, woher Sie die guten Tipps bekommen haben. Zeigen Sie sich auf diese Weise als Teamspieler. Zeigen Sie Ihre Dankbarkeit – und jeder alte Hase wird sich geschmeichelt und geehrt fühlen, dass er noch einmal in die Mentorrolle schlüpfen und einem jungen, aufstrebenden Kollegen oder einer Kollegin mit Rat und Tat zur Seite stehen darf. Oder wie es im Zen heißt:

Ist der Schüler bereit, erscheint der Meister.

Viele Projektmanager scheitern an der einfachen Aufgabe, alte Hasen zu fragen, weil sie einfach nicht aus ihrem Büro herauskommen. Sie haben sich geistig verschanzt, erleben Berührungsängste. Das ist menschlich und verständlich. Doch auch Ängste kann man überwinden, unter Umständen mit Hilfe eines guten Coachs. Ist das Projekt besonders wichtig (für die Karriere), dann ziehen viele Projektmanager ohnehin zusätzlich zum Rat der alten Hasen noch einen professionellen externen Projekt-Coach hinzu. Manche buchen das sogar aufs eigene Projekt.

8. «Unsere Termine sind nicht zu schaffen!»

☎ **Das Problem:**

Ihr Endtermin ist unrealistisch. Trotzdem müssen Sie ihn halten.

✚ **Die erste Hilfe:**

Verhandeln Sie mit dem Auftraggeber über Zielabstriche, Ressourcenaufstockung und Umverteilung von kompetenteren Experten laufender Projekte auf Ihr Projekt.

Das Problem und sein Holzweg

Nennt der Auftraggeber den Endtermin, könnten die meisten Projektmanager erst mal Baldriantropfen vertragen: Das ist nicht zu schaffen! Niemals! Ein erfahrener Projektleiter eines Gerätebauers sagt: «Bei unseren Projekten weiß am Anfang keiner so genau, was dabei herauskommen soll. Aber wann es fertig sein soll, das wissen sie alle ganz genau!»

Was tun Sie, wenn Sie unter Terminnot stehen? Hüten Sie sich vor dem am häufigsten beschrittenen Holzweg: das Unmögliche möglich zu machen. Mit viel Hetze, Hektik und Hechelei den unmöglichen Termin doch noch irgendwie zu schaffen. Das ist die Lösung mit den höchsten Opfern und den geringsten Erfolgsaussichten. Warum wird sie dann trotzdem so oft gewählt? Weil in erster Hilfe unerfahrene Projektmanager lieber schlucken als aufmucken. Doch: Wer sich nicht wehrt, lebt verkehrt – vor allem im Projekt.

Es gibt immer eine Lösung, die besser als Resignation ist: verhandeln. Das Schöne daran: Diese Lösung ist nicht viel schwieriger als Runterschlucken – bringt aber viel bessere Ergebnisse!

Erste Hilfe: Verhandeln Sie Zielabstriche!

So entschärfen Sie unmögliche Termine

- Lehnen Sie niemals einen knappen Termin ab: «Aber das geht doch nicht! Das schaffen wir nie!» Das wertet jeder Auftraggeber als Arbeitsverweigerung.
- Signalisieren Sie immer zuerst volle Unterstützung: «Wir werden uns sechs Beine dafür ausreißen!»
- Dann legen Sie die Karten offen und vorwurfsfrei auf den Tisch: «Ich glaube, wir wissen alle, wie knapp der Termin ist. Gerade deshalb wollen wir den bestmöglichen Job machen. Daher meine Frage: Welches Ergebnis kriegen wir in dieser knappen Zeit realistischerweise zustande?»
- Die meisten Auftraggeber sind vernünftig und lassen mit sich handeln. Verhandeln Sie also mit ihnen Ergebnisabstriche: Was können wir gut und gerne weglassen? Was zur Not? Was wäre eine akzeptable Minimallösung? Welches Teilziel könnte man weniger aufwändig erreichen? Was könnte man zukaufen?
- Verhandeln Sie über eine Ressourcen-Aufstockung: Kriegen Sie mehr Personal? Oder mehr Budget, um Personal und/oder Leistungen von außen zuzukaufen?
- Verhandeln Sie über die Umverteilung von kompetenteren Spezialisten auf Ihr Projekt: «Wenn wir diesen und jenen Kollegen bekommen könnten, könnten wir es schaffen.»

Verhandlungen mit sturen Auftraggebern

- Haben Sie einen sturen Auftraggeber, der nicht mit sich handeln lässt, können Sie ebenfalls beruhigt sein: Er will es nicht anders. Legen Sie also mit dem Projekt los.
- Informieren Sie ihn jedoch mindestens vierzehntägig über den Projektfortschritt und zeigen Sie ihm dabei jedes Mal nachvollziehbar und ohne Vorwurf, Zynismus oder Polemik, welches tatsächliche Projektergebnis bei dieser Endtermin-Vorgabe nach dem heutigen Stand der

Dinge herauskommen wird. Tun Sie das nur lange und hartnäckig genug, lässt er schließlich doch mit sich handeln. Jedes Mal ein bisschen mehr.

Wenn Sie auf diese Weise alle zwei Wochen mit ihm verhandeln: Jammern Sie nicht! «Wie sollen wir das denn schaffen? Das ist viel zu knapp!» Jammern löst die falschen Reaktionen beim Auftraggeber aus: Wut und Ablehnung. Diese Reaktionen möchten Sie nicht erzielen. Sie möchten, dass der Auftraggeber mit sich verhandeln lässt. Das tut er nur, wenn Sie ihm ganz sachlich und selbstbewusst zeigen, dass und aufgrund welcher bereits erledigter Tätigkeiten Sie bereits … Tage hinter dem idealen Zeitplan her sind, der den unmöglichen Termin garantieren würde.

Je selbstbewusster Sie auftreten, desto besser verhandeln Sie.

Sie können selbstbewusst auftreten. Denn keiner kennt das Projekt so gut wie Sie. Nicht einmal der Auftraggeber. Er ist Ihnen vielleicht dem Rang nach überlegen. Doch Sie haben die größere Projektkompetenz. Warum? Weil Sie im Gegensatz zu ihm den unmöglichen Termin nicht nur erkennen, sondern auch mit ihm umgehen können. Sie sind der Handlanger des Auftraggebers. Sie sind sein Dienstleister, sein Geschäftspartner in diesem Geschäft. Also können Sie auf einer geistigen Ebene mit ihm reden. Auch dieser Umstand verleiht Ihnen ein gestärktes Selbstbewusstsein. Treten Sie selbstbewusst auf!

Warnung vor falscher Medizin: Keine 60/100-Lösung!

Die meisten, auch die erfahrenen Projektmanager sind ausgesprochen verhandlungsschwach. Nicht, weil sie es nicht könnten, sondern weil sie sich nicht trauen, mit dem großen Auftraggeber zu verhandeln. Also lösen sie das Problem des unrealistischen Termins anders: Sie verhandeln die Zielabstriche nicht, sie nehmen sie stillschweigend auf eigene Kappe vor. Doch das ist eine gefährliche Sache, wenn der Projektmanager 100 Prozent Ergebnis zusagt, aber stillschweigend nur 60 Prozent abliefert.

Warum? Die Begründungen sind durchweg einleuchtend; um einige Projektmanager und -managerinnen zu zitieren:

- «Anders geht es einfach nicht.»
- «Wenn er nicht mit sich reden lässt, dann soll er zusehen, was er davon hat!»
- «Da ist er schon selber schuld.»
- «Wer so unrealistische Termine setzt, hat doch keine Ahnung. Und wer keine Ahnung hat, merkt nicht, dass wir keine 100 Prozent liefern.»
- «Dieser Termin ist doch lächerlich. Der kann gar nicht ernst gemeint sein. Also nehme ich die Zielvorgabe auch nicht ernst.»

Wie gesagt, das sind alles einleuchtende Begründungen. Sie haben nur einen Haken: Wenn Sie 60 Prozent liefern, kommt das entweder heraus und/oder bereitet Ihnen über die komplette Projektlaufzeit ein derart schlechtes Gewissen und die ständige Angst vor der Entdeckung und den Konsequenzen, dass Sie bald reif für die Insel sind und Ihre eigentliche Arbeit darunter leidet – ganz zu schweigen von Ihrer geistigen und körperlichen Gesundheit.

Möchten Sie das? Oder möchten Sie lieber Ihre Verhandlungskompetenz so stärken, dass Sie sich trauen, mit dem Auftraggeber zu verhandeln? Verhandeln kann man trainieren wie Tennisspielen auch. Wie wärs mit einer Trainingsstunde? Ob Sie mit Trainer oder viel eigener Disziplin trainieren, ist nicht wichtig. Hauptsache, Sie tuns. Tun Sies? Wann?

9.   «Wir kriegen kein Budget!»

☎ Das Problem:
Sie kriegen ein Projekt, für das Sie Material und Leistungen einkaufen müssen – doch dafür kriegen Sie kein Budget!

✚ Die erste Hilfe:
Finanzieren Sie Ihr Budget einfach aus dem ROI (Return of Investment) des Projekts!

Das Problem und seine Ursache

«Herr Meier, jemand sollte dringend … Machen Sie mal!» – «Gut, dazu brauche ich aber …» – «Tut mir leid, dafür haben wir kein Geld.»

Dieses Problem ist in mancher Hinsicht der Gipfel der Unverschämtheit. Wie kann man von einem Projektmanager erwarten, dass er ein bestimmtes Projektergebnis bringt, wenn er noch nicht mal einen Leitz-Ordner kaufen darf, um darin seinen Projektplan abzulegen? Das ist gerade so, als ob Sie beim Bäcker um die Ecke ein Brot mitnehmen, aber nicht dafür bezahlen wollen. Das ist verrückt.

Sind Manager verrückt? Nein, sie haben lediglich ein Problem: Ihr Budget wurde im letzten Jahr genehmigt. In diesem Jahr traten jedoch Ereignisse ein, welche ein neues Projekt nötig machen – doch das hatte man in der Budgetsparwut vom letzten Jahr nicht berücksichtigt. Viele Budgets sind derart «schlank», dass sie die kleinste unvorhergesehene Ausgabe aus den Angeln hebt. Wenn wir eines aus der Projektplanung gelernt haben, dann dies: Wer ohne Puffer plant, plant fürn Papierkorb.

Wie reagieren Projektmanager auf dieses Planversagen im Management? Extrem frustriert. Eine 47-jährige Projektmanagerin eines Elektro-Unternehmens sagt anlässlich eines Projektauftrags, der wieder mal nichts kosten darf: «Jetzt geht das schon wieder los! Das Projekt ist nötig und gut, wir könnten damit echt etwas bewegen, wirklich etwas erreichen am Markt – aber jetzt werden uns schon wieder die Budgets zusammengestrichen!»

Das Management verlangt von den Projektmanagern, dass sie motiviert und engagiert ihr Projekt angehen – und dann zerstört der Auftraggeber schon bei der Auftragserteilung jede Motivation. Das passt nicht zusammen.

Holzweg 1: Laufen lassen

Wie reagieren Projektmanager auf diese Demotivation? Die häufigste Reaktion: «Wir lassen das mal laufen. Der Chef wird schon selber merken, dass er ohne Budget auch kein Ergebnis sieht.»

Funktioniert diese Lösung? Äußerst schlecht. Denn sie frustriert den Projektmanager: Auch wenn er es laufen lässt, zahlt noch immer keiner seine Rechnungen. Und sie frustriert den Auftraggeber: Ohne Budget kann ein Projekt nicht funktionieren. Das weiß der Auftraggeber auch – Manager sind in der Regel weder dumm noch bösartig. Doch er hofft, dass der Projektmanager das Unmögliche irgendwie möglich machen wird.

Ein Unternehmen gibt einen neuen Sensor in Auftrag. Der Projektmanager schafft die Entwicklung tatsächlich ohne jedes Budget. Für den Händler-Support braucht er jedoch Werbeunterlagen: «Wer bezahlt die Werbeagentur?» Darauf der Auftraggeber: «Dafür haben wir kein Budget! Können Sie das nicht selber mit Corel Draw machen?» Das macht der Projektmanager auch. Über die Prospekte lachen Kunden, Handel und Konkurrenz heute noch. Ein Projektmanager ist schließlich kein Graphic-Designer.

Das heißt: Manager versuchens zwar immer wieder – doch immer wieder gibt es bei PoB's – Projekten ohne Budget – am Ende richtig Ärger. Weil natürlich immer ein Ergebnis herauskommt, dem jeder ansieht, dass es handgestrickt ist. Logisch, dass diesen Ärger dann jener Beteiligte ausbaden muss, der nichts dafür kann: der Projektmanager. Wegen dieser Frustrationsfaktoren lehnen viele Mitarbeiter inzwischen, wenn sie sich irgendwie darum herumdrücken können, die Projektleitung rundheraus ab: «Lass das einen anderen Dummen machen.»

Holzweg 2: Dem Auftraggeber die Meinung sagen

Viele gute Projektmanager sagen, noch bevor der Auftraggeber bei der Auftragserteilung den Mund zugemacht hat: «Das geht nicht! Ohne Budget haut das nie hin, oder es wird höchstens eine Amateurlösung!» Und genau so sagen sie es auch ihrem Auftraggeber: sachlich, vernünftig, überzeugend.

Was macht der Auftraggeber darauf? Er rastet aus: «Sagen Sie mir nicht, dass das nicht funktioniert. Zeigen Sie mir lieber, wie es funktionieren kann. Denken Sie doch nicht immer so pessimistisch. Außerdem haben wir schon ganz andere Dinger geschaukelt!» Lässt sich der Projektmanager daraufhin zu einer Erwiderung hinreißen, streitet man sich stundenlang darüber, ob das PoB nun machbar ist oder nicht. Es ergibt sich, was wir alle kennen und fürchten: eine Endlosdiskussion, ein Machtkampf, den der Projektmanager immer verlieren wird.

Sich auf eine Diskussion mit dem Auftraggeber einzulassen, ist ein Holzweg. Sie brauchen diesen, wie auch den ersten Holzweg (s. o.) nicht zu beschreiten, wenn Sie sich in erster Projekthilfe auskennen.

Erste Hilfe: Nicht Machbarkeit, sondern Nützlichkeit diskutieren

Solange Sie mit dem Auftraggeber darüber streiten, ob das PoB machbar ist oder nicht, wird nichts dabei herauskommen. Sie sagen Nein, er sagt Ja – ein Patt. Deshalb:

Diskutieren Sie nicht Machbarkeit, diskutieren Sie Nützlichkeit.

Fragen Sie ihn: «Eine gute Projektidee – was konkret wird uns das Projektergebnis bringen?» Fragen Sie so lange nach, bis der Auftraggeber «Butter bei die Fische» gibt und konkrete Maßzahlen herausrückt; zum Beispiel «Abwicklung in Bereich X um drei Tage schneller», «das Projekt spart Abteilung Y 10 000 Euro pro Jahr an Logistikkosten». Lässt der Auftraggeber so eine Maßzahl fallen, haben Sie (und das Projekt) schon gewonnen. Jetzt können Sie den magischen Zauberspruch sagen, der den warmen Budgetregen auslöst: «Wenn das Projekt drei Tage/10 000 Euro spart, dann können wir ohne weiteres 5000 Euro für … bezahlen – schließlich spielt das Projekt schon im ersten Jahr viel mehr ein!»

Dieser Satz hat schon mehr Budgets locker gemacht, als Sie sich vorstellen können. Erfahrene Projektmanager haben diesen Satz drauf wie Humphrey Bogart den letzten Satz in «Casablanca». Merken Sie sich:

Hat ein Projekt einen ROI – hat es auch ein Budget zu haben.

Sieht ein Manager einen Return on Investment, fällt es ihm sehr viel leichter, einen Geldtopf für das Budget zu finden – und diese Ausgabe auch gegenüber seinen Vorgesetzten zu rechtfertigen. Denn auch seine Vorgesetzten erkennen die ROI-Logik an (für Manager kommt es ja nach eigenem Bekunden immer nur drauf an, «was unterm Strich übrig bleibt»).

Was aber, wenn ausgerechnet Ihr Projekt keinen ROI hat?

Sie stellen die PoB-Königsfrage: «Was bringt uns das Projekt?» Darauf erwidert der Auftraggeber: «Ah, hmh, tja.» Ihnen schwant Schlimmes: «Oje! Ein Projekt ohne ROI – also guck ich doch in die Röhre!» Irrtum.

Denn mit Ihrer simplen Frage haben Sie den Auftraggeber draufgebracht, dass sein Projekt keinen ROI hat, also lediglich ein politisches, ein Steckenpferd, ein nutzloses Projekt ist. Gibts das in gewinnorientierten Unternehmen überhaupt? Ja.

Im Branchenschnitt sind bis zu 30 Prozent aller Projekte in einem Unternehmen politisch, also ROI- und nutzlos. Entweder der Auftraggeber erkennt, dass seine Projektidee keinen ROI bringt, und gibt sie auf. Oder er besteht auf dem nutzlosen Projekt – dann haben Sie auch gewonnen:

Lassen Sie politische Projekte einfach laufen und machen Sie sich keine Sorgen wegen des Ergebnisses.

Die meisten politischen Projekte laufen sich nämlich von alleine tot, weil keiner mehr an sie denkt, wenn die Modeerscheinung, von der die Projektidee stammt, vorübergegangen ist.

Erste Hilfe bei hartnäckigen Fällen

Es kommt zwar selten vor, doch kann es durchaus vorkommen, dass Sie ein Projekt erwischen, das zwar keinen objektiv messbaren ROI hat, aber auch nicht total politisch ist. «Irgendwie» ist es schon nützlich, und Ihr Auftraggeber will es auf keinen Fall aufgeben. Auch haben Sie den Eindruck, dass Sie es nicht wie ein politisches Projekt einfach laufen lassen können, weil sich am Ende sehr wohl jemand für das Ergebnis interessieren könnte. Sie sind in einer Zwickmühle? Nein. Denn selbst ein Projekt ohne ROI kann ein Budget bekommen:

Wenn ein Projekt «irgendwie» nützlich ist, dann holen Sie sich das Budget dafür von anderen Projekten, die weniger nützlich sind.

Denn selbst der verstockteste Auftraggeber lässt sich zu einer Priorisierung seiner Projekte nach Nützlichkeit überreden: Es gibt immer Projekte, welche nützlicher als andere sind. Diese anderen kann man dann «plündern» oder «kannibalisieren», wie die Amerikaner sagen. Das schadet zwar diesen geplünderten Projekten. Doch bedenken Sie: Wenn dem Auftraggeber die geplünderten Projekte weniger wichtig sind, dann ist es auch weniger wichtig, wenn diese wegen des gekürzten Budgets weniger Ergebnis bringen. Doch auch hier, wie bei allen Verhandlungen mit Auftraggebern, die Warnung:

Schlagen Sie dem Auftraggeber niemals eine Prioritätenliste vor. Lassen Sie ihn diese Prioritätenliste selber aufstellen – denn seine eigenen Vorschläge akzeptiert er, im Gegensatz zu den Ihren. Notieren Sie diese Vorschläge jedoch immer mit, damit er sich auch noch nach 20 Minuten daran hält (siehe «Das Gebot der Schriftform», Kapitel 2, Seite 24).

10. «Wir kriegen keine Entscheidung!»

☎ **Das Problem:**
Sie brauchen eine Entscheidung vom Auftraggeber – doch er gibt sie Ihnen nicht!

✚ **Die erste Hilfe:**
Wenn ein Entscheider nicht entscheidet, leisten Sie Entscheidungsvorbereitung!

Das Problem

Es kommt nicht von ungefähr, dass viele Projektmanager sagen: «Wir werden hier für dumm verkauft.» Am besten sieht man das bei fälligen Entscheidungen: Der Projektmanager braucht dringend eine Entscheidung vom Auftraggeber. Der Auftraggeber schiebt diese Entscheidung auf die lange Bank. Das Projekt verzögert sich deshalb. Für diese Verzögerung, für die er nichts kann, wird am Ende der Projektmanager verantwortlich gemacht: «Typisch Meier, hat wieder sechs Monate überzogen.» Dass es nicht seine Schuld ist, glaubt ihm keiner: «Das sagen doch alle!»

Diese Ungerechtigkeit bringt selbst Projektveteranen stets aufs Neue zur Weißglut. Einer sagte mal: «Der Auftraggeber entscheidet nicht, und wir kassieren die Prügel dafür.» So was geht einfach nicht.

Die Projektmanagerin eines Hardwareherstellers bekommt schlechte Materialtestergebnisse für eine Komponente. Um andere Arbeitspakete nicht unnötig zu verzögern, braucht sie binnen fünf Tagen die Entscheidung, ob sie auf ein besser getestetes, aber natürlich teureres Material umsteigen darf. Ihr Auftraggeber schafft es nicht, binnen einer ganzen Arbeitswoche diese Entscheidung zu treffen. Inzwischen warten fast sämtliche der laufenden und nachfolgenden Arbeitspakete auf die Entscheidung. Sie warten und warten und warten …

Wenn Lenkungsausschüsse oder Projektentscheidungsmeetings entscheiden müssen, wird es ganz schlimm: Das Gremium schiebt die Entscheidung auf die lange Bank, weil man oft ein halbes Jahr lang keinen gemeinsamen Sitzungstermin findet!

Der Projektmanager ist zwar für seinen Endtermin verantwortlich. Doch es scheint gerade so, als ob es alle nur darauf anlegen, ihm unnötige Verzögerungen zwischen die Beine zu werfen.

Zwei Holzwege: Hoffen und insistieren

Wie reagieren Projektmanager, wenn sie in einen «Verzögerungs-Unfall» geraten? Wütend. Die einen schlucken schwer, bangen und hoffen, dass der Entscheider «irgendwann mal zu Potte kommt»! Der Vorteil dieser Lösung: Man muss nichts machen. Der Nachteil: Es ändert sich nichts – die Entscheidung kommt davon nicht früher.

Deshalb lassen sich die meisten Projektmanager, wenn ihnen der Geduldsfaden reißt, zum zweiten Holzweg hinreißen: Sie machen dem Entscheider Druck, machen ihm Vorwürfe, gehen ihm auf die Nerven. Der Vorteil: Man tut etwas. Der Nachteil: Haben Sie schon mal einen Topentscheider erlebt, der sich Druck machen ließ und nicht mit Mega-Gegendruck reagierte? Nein. Druck erzeugt Gegendruck. Ein Auftraggeber lässt sich in der Regel von einem einfachen Projektmanager nichts sagen und schon gar keinen Druck machen. Es gibt eine bessere Lösung: Leisten Sie Ihrem im Entscheidungsstau stehenden Projekt erste Hilfe.

Erste Hilfe: Entscheidungsvorbereitung

Die erste Hilfe bei Entscheidungsverzögerungs-Unfällen ist so simpel, dass sich viele Projektleiterinnen und Projektmanager bei uns in den Coachings fragen: «Warum bin ich da nicht selber draufgekommen?» Weil man wütend ist, wenn man ausgesessen wird. Und Wut macht blind. Für die erste Hilfe bei Entscheidungsverzögerungen fragen Sie sich einfach: Warum verzögert er?

Wenn Sie sich nur wenige Sekunden in die Lage Ihres Entscheiders versetzen, wird Ihnen nämlich schnell klar: Entscheider verzögern, nicht weil sie nicht entscheiden wollen, sondern weil sie nicht entscheiden können.

In unserem Beispiel weiß der Auftraggeber nur, dass er sich für ein teureres Material entscheiden soll. Was ihn das im Endeffekt kostet, ob das neue Produkt damit überhaupt noch preislich konkurrenzfähig ist, ob die höheren Kosten auch mit einer höheren Leistung einhergehen – das alles weiß der Auftraggeber nicht.

Entscheider entscheiden nicht, wenn sie zu wenig wissen, um entscheiden zu können.

Für die meisten Projektmanager ist diese Erkenntnis ein Schock: «Ich dachte immer, der Kerl sitzt uns aus! Ich dachte, er ist schuld. Dabei hatte ich es längst selbst in der Hand, ihn zu einer schnellen Entscheidung zu bewegen, und habe es nicht mal bemerkt!»

Entscheidet ein Entscheider nicht, fehlt ihm Ihre Entscheidungsvorarbeit. So verrückt es klingt: Die meisten Projektmanager wurden niemals in erster Hilfe bei Entscheidungsstau, also in Entscheidungsvorbereitung, ausgebildet – obwohl hinter jeder Kurve ein Stau drohen kann! Dieses Versäumnis beheben wir jetzt.

Systematische Entscheidungsvorbereitung

1. Wenn Entscheider nicht entscheiden, dann meist, weil ihnen die Folgen der Entscheidung nicht klar sind. Und ohne diese Auswirkungen zu kennen, entscheidet kein vernünftiger Mensch. Zeigen Sie Ihrem Entscheider die Folgen auf. Zeigen Sie ihm diese Folgen für alle möglichen Entscheidungen auf, einschließlich der Nullentscheidung (er entscheidet nicht).

2. Zeigen Sie ihm die Auswirkungen der alternativen Entscheidungen auf
   - Q – die Qualität, also das Projektergebnis
   - T – Zeitaufwand, Zeitverzögerungen und Termine
   - K – die Kosten, Budget, Mehrkosten
   - P – eventuellen Personalmehraufwand

3. Damit Ihr Entscheider die Entscheidung nicht weiter verzögert, erzählen oder schreiben Sie keinen Roman über die Entscheidungsfolgen, sondern visualisieren Sie die Auswirkungen in einer Entscheidungsfolgen-Matrix. Für unser Beispiel sieht die Matrix so aus:

Die Entscheidungsfolgen-Matrix

Entscheidung	… für billigeres Material	… für teureres Material	… wird nicht bis zum 17.8. getroffen
Q: Projektergebnis	3 Anwendungen fallen weg	wird voll erreicht	nur noch Minimallösung möglich
T: Terminverzögerungen	keine	keine	Endtermin nicht mehr zu halten
K: Mehrkosten (Euro/Stck.)	0	5	50 000 (Konventionalstrafe)
P: zusätzl. Personal	keines	1 Person	8 Personen, wenn Endtermin nach 17.8. noch gehalten werden soll

4. Die Entscheidungsfolgen-Matrix zeigt dem Entscheider auf einen Blick, was passiert, wenn er entscheidet oder nicht entscheidet. Er hat also den Überblick – was für Manager immer eine entscheidungsauslösende Voraussetzung ist. Trotzdem könnte ihm die Wahl zwischen den Entscheidungen noch schwer fallen. Also geben Sie ihm eine zusätzliche Orientierung:

Sprechen Sie eine Empfehlung aus: «Aufgrund unserer vereinbarten obersten Projektpriorität empfiehlt das Projektteam die Entscheidung ...»

Projektpriorität? Ja, die hat jedes Projekt oder sollte es zumindest haben. Diese Priorität notiert ein erfahrener Projektmanager bereits bei der Auftragsklärung oder spätestens bei der Grobplanung mit dem Auftraggeber und gibt diese Notiz auch (Erfordernis der Schriftform, s. Kapitel 2, Seite 24) dem Auftraggeber zur Kenntnis – damit er nicht wieder vergisst, dass er zum Beispiel gesagt hat: «Den Termin müssen wir unbedingt halten. Wenns klemmt, müssen wir eben mehr Geld locker machen.» Aus dieser Äußerung ergibt sich folgende Rangfolge der Prioritäten:

1. Priorität = T: Termin unbedingt halten
2. Priorität = Q: Qualität, also das Projektergebnis
3. Priorität = K: die Kosten, das Budget.

Das heißt, in diesem Projekt können Sie Ihrem Entscheider bei Entscheidungsstau immer jene Entscheidung empfehlen, welche den Endtermin sichert und das Ergebnis hält – auch wenn es etwas mehr kostet.

5. Helfen Sie dem Entscheider noch stärker, indem Sie ihm klipp und klar sagen, was zu tun ist: «Um die empfohlenen Konsequenzen zu realisieren, um also das Projekt noch rechtzeitig zu einem hundertprozentigen Ergebnis zu führen, brauchen wir Ihre Entscheidung bis spätestens ... (Datum).»

Dies und nur dies ist eine akzeptable Entscheidungsvorbereitung. Leisten Sie sie nicht, provozieren Sie Ihren Entscheider geradezu, Ihre Entscheidung zu verzögern. Leisten Sie sie dagegen, werden Sie mit schnellen Entscheidungen belohnt.

Er wird sich nicht immer *sofort* und *vollinhaltlich* nach Ihren Wünschen entscheiden. Aber er macht es immer und garantiert sehr viel schneller und stärker nach Ihren Wünschen, als wenn Sie ihn wegen mangelnder Entscheidungsvorbereitung auflaufen lassen.

Wer einen Entscheider hat, der ihn aussitzt, hat ihn zuvor auflaufen lassen.

11. «Fertige Arbeitspakete passen nicht zusammen!»

☎ **Das Problem:**

Bei der Abgabe von Arbeitspaketen stellt sich heraus, dass deren Ergebnisse nicht zusammenpassen!

✚ **Die erste Hilfe:**

Regelmäßiger Abgleich der Arbeitspakete untereinander.

Das Problem hinter dem Problem

Dieses Malheur ist einer der häufigsten Projektunfälle überhaupt und sicher auch Ihnen schon mehrfach untergekommen: Sie vereinbaren Arbeitspakete, Ihre Teammitglieder erledigen die nötigen Arbeiten, legen irgendwann die fertigen Arbeitsergebnisse vor und siehe da: Die Ergebnisse passen nicht zusammen!

Ein Gartengeräte-Hersteller entwickelt einen neuen Hochdruckreiniger. In Projektsitzung 7 präsentiert der Inhaber des Arbeitspaketes «Bedienfeld» sein fertiges Bedienfeld, worauf es zum Unfall kommt: Das Bedienfeld passt nicht auf die Gerätehaube! Der Inhaber des Arbeitspaketes «Chassis» schnauzt ihn an: «Verrückt geworden? Ihr könnt doch nicht einfach das Bedienfeld vergrößern! Das passt doch jetzt gar nicht mehr!» Darauf der Bedienfeld-Konstrukteur: «Warum hat uns das keiner vorher gesagt?» Danach entwickelt sich eine stundenlange Streiterei, wer denn nun schuld sei.

Manchmal sind die Folgen eines solchen Projektunfalls so gravierend, dass sich das Projekt nicht mehr davon erholt. Einmal davon abgesehen, dass man als Projektmanager ganz schön blöd aus der Wäsche guckt, wenn man endlich die Arbeitspakete fertig gestellt hat und dann verdutzt feststellen muss, dass einige Ergebnisse überhaupt nicht zusammenpassen. Also macht man hastig Schadensbegrenzung, improvisiert ein bisschen, macht es passend, bessert ein wenig nach, ändert die folgenden Arbeitspakete ab und glaubt noch, mit einem blauen Auge davongekommen zu sein – da passiert es wieder!

Dass Arbeitsergebnisse mal nicht zusammenpassen, ist kein Malheur. Das eigentliche Unglück passiert erst, wenn es sich wiederholt! Das tut es leider meist mit unschöner Regelmäßigkeit. Warum? Weil viele Projektmanager ihre Erste-Hilfe-Maßnahmen verwechseln:

Passen Arbeitsergebnisse nicht zusammen, besteht die erste Hilfe nicht darin, sie passend zu machen – sondern die Ursache dafür abzustellen, damit das nie wieder vorkommt!

Was ist die Unfallursache? Der Bedienfeldentwickler aus unserem Beispiel hat es auf den Punkt gebracht: «Warum sagt man uns das jetzt erst?» Oder wie Teammitglieder in 90 Prozent aller Teams klagen: «Uns sagt man hier überhaupt nichts. Wir erfahren immer alles erst als Letzte!» Das hören viele Projektmanager auch – doch sie können nichts damit anfangen! Sie wissen nicht, wie sie darauf reagieren sollen (mit dem Austauschmeeting, s. u.).

Dass fertige Arbeitspakete nicht zusammenpassen, ist ein Informationsproblem. Die Teammitglieder streiten sich zwar, wer nun daran schuld ist, dass zwei Arbeitspakete nicht zusammenpassen. Paketinhaber 1 oder 2. Doch eigentlich hat der Projektmanager ein Problem.

Zwar müssen sich Arbeitspaketverantwortliche gegenseitig informieren. Doch der Projektmanager trägt dafür die Verantwortung, weil nur er die Gelegenheit für den Informationsaustausch bieten kann.

Und exakt darin besteht die erste Hilfe bei diesem Projektunfall.

Erste Hilfe: Arbeitspakete regelmäßig untereinander abgleichen

Es ist in unserem Beispiel völlig egal, ob der Chassisbauer den Bedienfeld-Konstrukteur darüber informiert, dass das Chassis an der Stelle des Bedienfeldes unvorhergesehen schmäler geworden ist oder ob der Bedienfeld-Konstrukteur den Chassisbauer informiert, dass sein Bedienfeld breiter geworden ist – Hauptsache, die Information fließt. Sie floss aber nicht. Weil die Gelegenheit dafür fehlte. Diese Gelegenheit müssen Sie bieten.

Arbeitspakete abgleichen

Wenn Sie vermeiden wollen, dass Arbeitsergebnisse nicht zusammenpassen, müssen Sie dafür sorgen

- dass Ihr Team zum Informationsaustausch zusammenkommt;
- dass es regelmäßig zusammenkommt. Alle 14 Tage hat sich als Frequenz bewährt. Bei kritischen oder strategisch wichtigen Projekten oder in kritischen Phasen sollte es wöchentlich sein. Bei Langlaufprojekten oder im Sommerloch reichen auch mal alle drei Wochen.
- dass das Team sich gegenseitig über die wesentlichen Parameter des Projekterfolges informiert:
  - Was läuft derzeit?
  - Wie weit sind wir?
  - Wo gibt es unter Umständen Auswirkungen auf parallele oder nachfolgende Arbeitspakete?
  - Wo hat sich etwas gegenüber früheren Absprachen geändert?
  - Welche Handlungserfordernisse ergeben sich daraus?
- dass Ihr Team diese Handlungserfordernisse und ihre Gründe schriftlich dokumentiert (Erfordernis der Schriftform, s. Kapitel 2).
- dass Sie gegebenenfalls den Projektplan wegen dieser Handlungserfordernisse anpassen.

Vorbehalte gegen erste Hilfe

So verrückt es klingt: Einige Projektmanager und vor allem Teammitglieder haben Vorbehalte gegen erste Hilfe im Falle von Schnittstellenunfällen. Das ist genau so, als ob man Vorbehalte gegen den Sicherheitsgurt hat – aber auch das haben ja einige Autofahrer.

Der häufigste Vorbehalt gegen erste Hilfe bei Schnittstellenunfällen ist: «Wir haben nicht die Zeit, uns ständig auszutauschen!» Das stimmt natürlich: Niemand von uns hat so viel Zeit. Der Irrtum dahinter: So viel Zeit braucht man auch gar nicht zu haben. Natürlich denkt jeder, der an Teamsitzungen denkt, an jene sinnlosen Mammut-Meetings, bei denen man sich stundenlang im Kreis dreht und bei denen nichts herauskommt. Doch sinnlose Sitzungen sind keine geeignete Benchmark. Wenn Sie ein Unternehmen benchmarken, dann benchmarken Sie ja auch nicht den größten Loser, einen Insolvenzfall oder das Unternehmen mit der Roten Laterne in der Branche. Man benchmarkt nicht die Verlierer, sondern die Gewinner: Der Arbeitspaket-Abgleich in eingespielten Teams dauert

- bei kleinen Projekten zirka eine halbe Stunde,
- bei mittleren Projekten zirka eine Stunde,
- selbst bei Großprojekten niemals länger als zwei Stunden.

So viel Zeit hat jede(r). Warum sind diese Meetings so schnell erledigt? Weil sie effizient sind.

Effiziente Meetings
Team-Meetings lassen sich in Windeseile erfolgreich über die Bühne bringen, wenn
- die Teammitglieder gut vorbereitet kommen (dann müssen sie nicht unnötig «herumeiern»). Gut vorbereitet bedeutet: Die Antworten auf die fünf Fragen («Arbeitspakete abgleichen», Seite 66) vorbereiten;
- der Projektmanager (oder ein anderer) eine professionelle Meeting-Moderation beherrscht (was mit der geeigneten Ausbildung leicht fällt);

- man sich an eine einfache Daumenregel erfolgreicher Projektteams hält; Zitat eines Teammitglieds: «Bei uns gibt es eine unumstößliche Regel: Eine Teamsitzung dauert niemals länger als zwei Stunden – weil danach jeder k. o. ist. Also hält sich auch jeder daran. Dafür sorgen wir alle gemeinsam!»

Falls Ihnen diese drei Empfehlungen für effiziente Meetings reichlich unrealistisch erscheinen, krankt Ihr Projekt an einer anderen Malaise, die dringend der ersten Hilfe bedarf (s. Kapitel 12).

12. «Mein Projektteam verhindert effiziente Meetings!»

☎ **Das Problem:**
Sie wollen effiziente Meetings – Ihr Team aber nicht!

✚ **Die erste Hilfe:**
Leidensabwägung.

☑ **Anmerkung:**
Wie eine effiziente Meeting-Moderation funktioniert, lesen Sie in Kapitel 28 (Seite 162 ff.).

Das Problem hinter dem Problem

Mit hoher Wahrscheinlichkeit sind Ihnen die letzten drei Empfehlungen für effiziente Meetings in Kapitel 11 recht unrealistisch erschienen:
- Jede(r) kommt pünktlich und vorbereitet.
- Einer beherrscht die Meeting-Moderation.
- Alle achten darauf, dass man nie länger als zwei Stunden sitzt.

Für die meisten Projektmanager sind diese Empfehlungen blanker Zynismus: «Das wissen doch alle im Team! Aber es wird einfach nicht gemacht!» Das ist das eigentliche Problem.

In vielen Büchern und Seminaren wird beschrieben, wie ein effizientes Meeting ablaufen soll. Dabei wissen die meisten Projektmitglieder das längst! Was nicht in Büchern und Seminaren beschrieben wird: Warum machens die Leute nicht? Das heißt, hinter dem Problem ineffizienter

Meetings versteckt sich ein ganz anderes Problem. Wenn wir in Coachings und Beratungen etwas stärker nachbohren, als das auf üblichen Seminaren gemacht wird, kommen dabei mit beständiger Regelmäßigkeit zwei Problemursachen zum Vorschein:

- Jeder Projektmanager weiß, dass ihm ohne Moderationskompetenz die Meetings aus dem Ruder laufen – aber er holt sich keine.
- Die Teammitglieder wollen gar keine effizienten Meetings! Die wollen weiter herumeiern!
- Beide Ursachen provozieren zunächst einmal ein starkes Gefühl der Resignation. Dieses ist verständlich, aber ungerechtfertigt. Denn gegen beide Problemursachen gibt es eine erste Hilfe.

Erste Hilfe gegen Moderationsinkompetenz

100 Prozent der Projektmanager wissen, dass sie ohne Moderationskompetenz die Meetings nicht in den Griff kriegen, aber nur 10 bis 20 Prozent verfügen über die nötige Kompetenz. Wie kommt das? Aus einem einfachen Grund: keine Zeit!

Sich Moderationskompetenz anzueignen, kostet Zeit und Energie. Man muss einige Tage investieren, um sich einzulesen oder ein erstes Basisseminar zu besuchen. Diese Zeit hat im Grunde kein Projektmanager. Das Problem ist nur: Zeit (= Kosten) ist das falsche Entscheidungskriterium. Das Kosten-Nutzen-Verhältnis (= Rentabilität) ist das richtige.

Wenn Sie nur den Zeitaufwand betrachten, werden Sie immer die falsche Entscheidung treffen. Eine korrekte Entscheidung finden Sie nur, wenn Sie dem Aufwand seinen Ertrag gegenüberstellen. Fragen Sie sich:

Ist mir der Zeitaufwand das wert?

Um diese Frage zu beantworten, sollten Sie eine erste Leidensabwägung vornehmen:

Die erste Leidensabwägung
Fragen Sie sich: Woran leide ich mehr?
* an einigen investierten Tagen oder
* am ständigen Stress wegen ineffizienter Meetings, dem dadurch entstehenden Zeitverlust und dem Ärger, den ich kriege, wenn wegen der ineffizienten Meetings mein Projektergebnis sich verschlechtert.

Wohl gemerkt: Eine solide Entscheidung ist in beide Richtungen möglich. Einige Projektmanager leiden nicht besonders stark an ineffizienten Meetings, so dass sich der Erwerb von Moderationskompetenz einfach nicht lohnen würde. Diese Kollegen wären ja verrückt, wenn sie ein Seminar besuchen würden! Denn daran würden sie viel mehr leiden.

Leider sind diese Kolleginnen und Kollegen in der krassen Minderzahl. Die meisten ärgern sich dagegen fürchterlich über die Zeitverschwendung und bekommen heftigen Druck, wenn ihr Projekt deswegen hinter den Terminen herhinkt – da ist ein Seminarbesuch das deutlich geringere Übel.

Aber Vorsicht: Wenn Sie ein Seminar besuchen, sollte dies kein Standard-Moderationsseminar sein. Denn in diesen – die Trainerkollegen mögen mir das verzeihen – geht es überspitzt formuliert darum, mit Flipchart, Metaplanwänden und Kärtchen zu wirbeln. In Projekt-Meetings geht es jedoch nicht in erster Linie darum, mit tollen Folien gut auszusehen, sondern gute Ergebnisse zu erzielen. Deshalb sieht eine professionelle Projekt-Meeting-Moderation auch anders als die Standardmoderation aus. Stellen Sie sicher, dass im Seminar diese Art Moderation vermittelt wird (bei der Lektüre gilt natürlich Entsprechendes).

Wenn Ihr Team keine effizienten Meetings will

Ein typischer Effizienzkiller in Meetings: Ein Mitglied kann sein Arbeitsergebnis nicht termingerecht abliefern. «Tut mir Leid, es hat mir nicht gereicht.» Der moderationsunerfahrene Projektmanager sagt: «Hmh, das ist nicht gut. Aber liefern Sie eben möglichst schnell nach.» Passiert das? Meist nein. Es sei denn, der Projektmanager hat Moderationskompetenz. Dann fragt er:

1. «Was sind die Gründe für die Verzögerung?»
2. «Was hat das jetzt für Auswirkungen?»
3. «Wie machen Sie jetzt weiter?»
4. «Welchen neuen Termin können Sie mir nennen?»

Nach dieser Moderation wird ein viel früherer Termin viel zuverlässiger erreicht als im unmoderierten Fall. Das Meeting war also in diesem Punkt nicht nur effizient, sondern auch effektiv.

Warum liefert das säumige Mitglied im moderierten Fall schneller und zuverlässiger? Weil die Antworten auf die gestellten vier Fragen am Flipchart öffentlich gemacht werden! Das heißt, jeder im Team sieht, warum der säumige Kollege säumig ist, was er dagegen zu tun gedenkt und bis wann er nachliefern wird.

Öffentlichkeit schafft Verbindlichkeit.

Erst wenn eine Vereinbarung öffentlich gemacht wird, wird sie verbindlich. Das Protokoll der Sitzung ist dazu nicht geeignet. Denn ein Protokoll liest man allein in seinem Büro. Das Flipchart liest man dagegen unter den Augen der Kolleginnen und Kollegen – also hält man sich auch daran, um sich nicht vor ihnen zu blamieren! Die kollektive Erwartung des kompletten Teams schafft sehr viel mehr Verbindlichkeit als die Einzelerwartung des Projektmanagers. Leider ist der Zusammenhang zwischen Öffentlichkeit und Verbindlichkeit nur wenigen Projektmanagern bekannt – durchweg den erfahrenen und erfolgreichen.

Das heißt: Moderation schafft Öffentlichkeit, Öffentlichkeit schafft Verbindlichkeit, Verbindlichkeit schafft effiziente Meetings. Gut, nicht wahr? Nein, überhaupt nicht. Denn was sagt das säumige Teammitglied? «Unser Projektleiter ist jetzt total verrückt geworden. Fragt mich hier vor allen anderen aus, will Ergebnisse sehen und macht mir auch noch Termindruck!» Ist das die Ausnahme? Durchaus nicht.

Viele Teammitglieder werden negativ reagieren, wenn Sie mittels Moderation Meetings effizienter gestalten wollen. Eine Faustregel sagt: Ein Drittel der Teammitglieder möchte etwas ändern, ein Drittel wartet ab, und ein Drittel ist dagegen. Dieses letzte Drittel wird aktiv oder passiv Widerstände zeigen. Dieser Teil Ihres Teams will tatsächlich keine effizienten Meetings. Warum auch? Ineffizienz ist doch viel bequemer. Fragen Sie nur mal den säumigen Kollegen aus unserem Beispiel: Als die Sitzungen noch ineffizient waren, konnte er nach Belieben überziehen und den Projektmanager damit abspeisen, dass er «schnellstmöglich» nachliefert. Im effizienten Meeting dagegen muss er einen konkreten Termin nennen – und diesen auch halten, denn alle Kollegen sahen den Termin am Flipchart!

Dieser Widerstand im Team schreckt viele Projektmanager davon ab, effiziente Meetings einzuführen, oder bringt sie nach einigen Versuchen schnell dazu, die Flinte ins Korn zu werfen. Das muss nicht sein. Denn es gibt eine bessere Lösung: Leisten Sie sich und Ihrem Team erste Hilfe!

Erste Hilfe bei Moderationswiderständen

Die zweite Leidensabwägung

Worunter leiden Sie mehr?

- unter der Opposition einzelner Teammitglieder gegen effiziente Meetings;
- unter dem ständigen Stress wegen ineffizienter Meetings, dem dadurch entstehenden Zeitverlust und dem Ärger, den Sie kriegen, wenn wegen der ineffizienten Meetings sich Ihr Projektergebnis verschlechtert.

Berücksichtigen Sie bei dieser Leidensabwägung, dass Sie jcde Meeting-Ineffizienz ausbaden müssen. Dass alles, was auf dem Team-Meeting verschlafen, verbummelt und versiebt wird, Sie in Feierabend- und Wochenendarbeit wieder aufholen und ausbügeln müssen. Das verursacht eine große Mehrbelastung, die bei vielen Projektmanagern spätestens nach dem dritten Projekt beim Arzt und in der Zerrüttung der privaten Verhältnisse endet. Lohnt sich das für Sie etwa? Diese Frage muss man sich nach dem ersten Klinikaufenthalt nicht mehr stellen. Wollen Sie es so weit kommen lassen?

Bei rationaler Abwägung kommen Projektmanager zu dem Ergebnis, dass Widerstand gegen effiziente Meetings zwar ärgerlich ist, dass aber der Ärger mit ineffizienten Meetings sehr viel stressiger und gesundheitsschädlicher ist. Vor allem, wenn man bedenkt, dass Sie diesen Widerstand bis auf ein Minimum reduzieren können.

So reduzieren Sie Widerstände gegen effiziente Meetings
Provozieren Sie den Widerstand nicht selbst, indem Sie Ihr Team mit Neuerungen überrumpeln.

1. Berufen Sie vielmehr ein Team-Meeting zum Thema Team-Meeting ein. Dafür ist nicht mehr als zirka eine halbe Stunde Zeit nötig.

2. Fragen Sie, ob Ihre Teammitglieder zufrieden mit dem bisherigen Verlauf und Ergebnis der Meetings sind. Sammeln Sie die Meldungen am Flipchart zweigeteilt:
    Womit wir zufrieden sind | Womit wir nicht zufrieden sind

3. Bei ineffizienten Meetings ist die rechte Spalte länger als die linke. Damit haben Sie den Hebel zur Veränderung der Situation und Einführung einer effizienzorientierten Moderation. Denn nur unzufriedene Teammitglieder sind bereit, etwas zu verändern. Warum sollte jemand etwas verändern, wenn er ganz zufrieden mit dem Status quo ist?

4. Fragen Sie explizit: «Wollen wir, dass das besser wird, womit wir nicht zufrieden sind?» Damit sichern Sie sich das nötige Commitment Ihrer Teammitglieder für die Veränderung.

5. Sagen Sie: «Ich hab mir da einiges überlegt. Wollen wir das mal ausprobieren?» Damit holen Sie das Einverständnis Ihres Teams. Und wer einverstanden ist, macht keine Widerstände.

6. Halten Sie nach dem Ausprobieren eine Feedback-Runde. Aber nicht nach dem Motto: «Das war ja alles Mist!», sondern nach dem Motto (Sie halten das wieder am Flipchart fest): Was behalten wir bei? Und was machen wir künftig besser?

Wenn Sie diese Schritte nicht einhalten, provozieren Sie Widerstand, weil Sie mit der Tür ins Haus fallen oder über die Köpfe der Leute hinweg entscheiden. Sie vermuten richtig: Wir sind mit dieser Checkliste mitten im Thema Change Management – auch das beherrscht ein erfahrener Projektmanager. Denn nur wer Veränderungen managen kann, kann auch sein Projekt erfolgreich ins Ziel bringen. Und sagen Sie selbst: So kompliziert sind die sechs Punkte doch nicht, oder? Change Management ist wirklich einfach, wenn man es mal vom ganzen Begriffswirrwarr bereinigt, den die Gurus darum herumgesponnen haben (um damit viel Geld zu verdienen).

13. «Der Papierkram stiehlt meine Zeit!»

☎ **Das Problem:**
Sie müssen so viele Projektberichte schreiben und Projektpräsentationen halten, dass Sie kaum mehr Zeit fürs Projekt selbst haben.

✚ **Die erste Hilfe:**
Standardisieren Sie Präsentationen und Berichte.

Das Problem

Was den Job eines Projektmanagers so stressig macht, ist zwar auch die anspruchsvolle Aufgabe. Doch am meisten stresst immer noch, wenn die Bürokraten aus den eigenen Reihen dazwischen funken – denn er wird als unnötig und ungerecht empfunden. Von den Leuten im eigenen Haus erwartet man, dass sie das Projekt unterstützen. Man erwartet nicht, dass sie Schwierigkeiten machen. Doch genau das tun sie – was immer wieder zu bösen Projektunfällen führt. Bestes Beispiel dafür ist der bürokratische Triathlon aus Berichten – Besprechen – Präsentieren:

«Wenn ich nicht gerade den Kunden und den Auftraggeber auf dem Laufenden halte, muss ich dem Steuerungsausschuss und den Controllern berichten – ich schreibe mehr übers Projekt, als ich daran arbeite!» – «Alle Nase lang müssen wir präsentieren. So eine Präsentation schluckt Tage an Vorbereitung. Tage, die dem Projekt fehlen!» – «Die ganze Mehrarbeit für Berichte und Präsentationen ist nutzlos vergeudet: Denn dieser Mehraufwand bringt unser Projekt keinen Deut weiter!»

Wenn man mal die Personentage zusammenrechnet, die für Berichte und Präsentationen draufgehen, kann einem ganz schwindlig werden: Das frisst einen Großteil der Projektzeit! Für eine Präsentation gehen im Schnitt ein bis zwei Tage an Vorbereitung verloren. Ein ordentlicher Bericht mit Tabellen und Grafiken benötigt einen halben bis einen ganzen Tag. Muss man wöchentlich berichten und einmal im Monat präsentieren, kommt eine astronomische Personentagsumme zusammen. Entweder verzögert dieser Mehraufwand das Projekt, wobei der Projektmanager die Verzögerung dann verantworten muss, obwohl er sie nicht verschuldet hat. Oder der Projektmanager leistet die Mehrarbeit am Feierabend und am Wochenende – was nicht weniger ärgerlich für ihn ist und obendrein das Privatleben ruiniert.

Wirklich ärgerlich ist obendrein, dass man unter diesen Umständen einfach nicht ordentlich arbeiten kann – wenn man alle naselang in eine Präsentation hetzen muss. Vor allem, wenn jedem klar ist, dass die meisten Präsentationen völlig unnötig sind und nur deshalb gehalten werden, weil Präsentationen gerade in sind. Oder weil die Geschäftsführung sich davon unterhalten fühlt. Tatsächlich kann man sich des Eindrucks nicht erwehren, dass in vielen Unternehmen mittlerweile die Präsentation wichtiger ist als das Projekt. Eine Projektmanagerin brachte es unlängst auf den Punkt: «Wegen einer Handvoll dusseliger Präsentationen riskieren wir unser Projektergebnis!» Gewiss: Präsentationen und Berichte sind sinnvoll – vorausgesetzt, sie werden angemessen und verhältnismäßig eingesetzt. In vielen Unternehmen ist das rechte Maß jedoch verloren gegangen.

Der Holzweg: Stöhnen und mitmachen

Berichte, Präsentationen und andere bürokratische Hemmnisse werden vor allem dann «von oben herab» verordnet, wenn die wirtschaftliche Lage des Unternehmens schwierig wird oder wenn es bereits Probleme im Projekt gab. Dann werden die Daumenschrauben angezogen, in der irrigen Annahme, dass ein Projekt, das wöchentlich präsentiert und berichtet, besser vorwärts kommen muss.

So etwas ist zunächst einmal ein ernst zu nehmender Projektunfall. Wie reagieren Projektmanager darauf? Unvorbereitet. Sie stöhnen zwar, machen dann aber mit. Die Vorteile dieser Unfallstrategie: Sie ist einfach und erfordert keinen Aufwand. Die Nachteile: Sie ändert nichts – und die Familie sieht man deshalb auch nicht öfter. Warum reagieren die meisten Projektmanager so resignativ auf Präsentationsflut und Berichteritis?

Die meisten Projektmanager glauben, dass man eben präsentieren und berichten muss, wenn das verlangt wird. Das ist ein Irrtum. Tritt ein Auftraggeber oder ein anderer Entscheidungsträger mit überzogenen oder unnötigen Berichts- oder Präsentationswünschen an Sie heran, nehmen Sie das nicht tatenlos hin, sondern werten Sie das als Unfall – und leisten Sie Ihrem Projekt umgehend erste Hilfe!

Erste Hilfe bei Präsentationsüberschwemmungen

Haben Sie schon einmal mit einer Präsentationssoftware gearbeitet? Dann wissen Sie, dass dabei gut und gerne ein halber Tag (meist mehr) für die Präsentationsaufbereitung verloren geht. Mit den klassischen Mitteln Flipchart, Pinwand und Folie sind es dagegen – mit etwas Übung – höchstens zwei Stunden.

Schlagen Sie vor, Ihre Präsentation mit den klassischen Mitteln zu halten. Schlagen Sie das nicht einfach nur vor – dann wird es nämlich abgelehnt. Begründen Sie vielmehr die Wahl Ihrer Mittel damit, dass das Hauptziel schließlich ein gutes Projektergebnis ist und jede Stunde zählt. Von diesem Argument lassen sich viele Manager überzeugen – Sie müssen es ihnen lediglich ins Gedächtnis rufen. Vor lauter Powerpoint-Euphorie kommen nämlich viele nicht mehr von alleine drauf.

In einigen Unternehmen ist die Präsentationssoftware eine heilige Kuh. Dann müssen Sie eben damit präsentieren – aber wenigstens haben Sies versucht. In anderen Unternehmen, in denen es mehr auf Wirksamkeit als auf Effekthascherei, mehr auf Output als auf Input, mehr auf den Inhalt als auf die Form ankommt – in diesen Unternehmen wird die klassische

Präsentation sogar begrüßt. Das ist der Unterschied zwischen Schein und Sein, zwischen gut aussehen und gut sein. Wenn Sie versuchen, klassisch zu präsentieren, können Sie gewinnen oder verlieren. Wenn Sie es nicht versuchen, können Sie nur verlieren.

Das heißt nicht, dass Sie nur noch klassisch präsentieren sollen. Wenn es gilt, einen Kunden zu beeindrucken, dürfen Sie auch mal die Trickkiste auspacken. Doch wozu interne Bürokraten beeindrucken?

So standardisieren Sie Präsentationen

Sie können die für Ihre Präsentationsvorbereitung benötigte Zeit auf ein Drittel reduzieren, wenn Sie einen Trick nutzen: Standardisieren Sie!

- Erstellen Sie einmal eine Basisversion Ihrer Präsentation, die Sie mit leichten Modifikationen immer wieder nutzen können.
- Präsentieren Sie nie länger als 30 Minuten. Optimal für die Aufmerksamkeitsspanne Ihres Publikums sind 15 bis 20 Minuten.
- Rechnen Sie für jede (Powerpoint-)Folie 3 bis 4 Minuten.
- Bei 20 Minuten Präsentation brauchen Sie also nur zirka sieben Folien. Zusätzlich zu diesen inhaltlichen Folien benötigen Sie noch ein Deckblatt und eine Agenda.
- Auf Folien steht niemals Fließtext, sondern immer nur Stichpunkte. Sonst sagt das Publikum: «Warum lesen Sie Folien vor? Lesen können wir selber!» Eine Folie sollte vielmehr stichpunktartig zusammenfassen, was Sie sagen.
- Ziellose Präsentationen fressen die meiste Zeit für die Vorbereitung. Also fassen Sie ein Präsentationsziel und tippen dies auf die erste inhaltliche Folie.
- Auf die zweite inhaltliche Folie gehört: Was wurde bislang erledigt? Wo stehen wir im Projekt?
- Stellen Sie auf den folgenden inhaltlichen Folien dar, was Sie vermitteln wollen, um Ihr Präsentationsziel zu erreichen.
- Auf die letzte inhaltliche Folie gehört eine Vorgehensübersicht über das Projekt – da bleibt nicht mehr viel übrig, was Sie vorbereiten müssen, nicht wahr?

Sie sehen: Mit dieser Vorgehensweise und etwas Übung ist eine Präsentation sogar in viel weniger als zwei Stunden vorbereitet. Alte Hasen schaffen das locker in einer Stunde. Was nicht auf den Folien steht, können Sie ja immer noch getrost mündlich beantworten – wenn das Publikum sich überhaupt dazu aufraffen kann, Fragen zu stellen.

Warum scheuen sich viele unerfahrene Projektmanager vor dieser ersten Hilfe gegen Präsentationsfluten? Weil sie meinen: «Meine Präsentation muss vollständig sein! Ich darf nichts weglassen!» Das ist Unfug. Dabei schläft jedes Publikum ein.

Damit erreichen Sie das Gegenteil Ihrer Absicht: Sie bringen die Leute gegen sich auf und haben eine Menge Zeit für völlig unnötige Vorbereitungen, Tabellen und Folien verloren. Wenn Sie also demnächst einen Kollegen treffen, der darüber stöhnt, wie viel er präsentieren muss, können Sie den Armen bemitleiden: Er hat noch nie etwas von erster Hilfe gehört.

Erste Hilfe bei Berichtsflut

Es gibt nur sehr wenige Projektmanager, die gerne Berichte schreiben. Die meisten stöhnen schon beim Gedanken daran, etliche Stunden über einem völlig unnötigen Bericht zu verlieren. Berichte in Romanform verschlingen ungeheuer viel Zeit – und werden nicht gelesen, weil sie langweilig sind. Dabei ist die erste Hilfe so einfach.

Wer kurz berichtet, spart Zeit und wird gelesen.

Wer nur das Wesentliche berichtet, spart ungeheuer viel Zeit – und stellt darüber hinaus sicher, dass sein Bericht auch gelesen wird. Am einfachsten konzentrieren Sie sich auf das Wesentliche, indem Sie Ihren Berichten eine klare, wiederholbare Struktur geben.

Strukturierte Berichte sparen Zeit

Konzentrieren Sie sich bei Ihren Berichten auf das Wesentliche:

- Was ist das geplante Projektergebnis?
  - a) gemessen in Leistungs- und Qualitätskriterien?
  - b) gemessen an Zwischen- und Endtermin?
  - c) gemessen an Budget/Kosten?
  - d) gemessen an Personalkapazität?
- Stand: Wo stehen wir derzeit? Grober Überblick über bereits fertiggestellte Projektteile (nicht alle Arbeitspakete aufzählen!).
- Liegen wir im Plan, oder gibt es erkennbare Abweichungen?
- Bei Abweichungen: Mit welchen Maßnahmen steuern wir gegen?
- Was sind die nächsten konkreten Schritte?
- Was brauchen wir konkret von den Adressaten des Berichts?
- Als Beilage können Sie eine Projektübersicht servieren, die nicht zu komplex ist. Bedenken Sie: Die meisten Vorgesetzten kennen noch nicht einmal ein Gantt-Diagramm.

Auf Seminaren leuchtet diese Struktur den Teilnehmern auf Anhieb ein: «Mit so einer Struktur schreibe ich jeden Bericht in weniger als einer halben Stunde!» Diese Einschätzung stimmt. Ist das nicht eine verlockende Aussicht? Egal, wer auch immer wann auch immer einen (unnötigen) Bericht von Ihnen will – in weniger als einer halben Stunde ist die Sache erledigt, und Sie können sich wieder sinnvolleren Tätigkeiten widmen. Man muss sich nur zu helfen wissen.

14. «Die Projektziele sind nicht zu schaffen!»

☎ **Das Problem:**
Böse Überraschung: Sie können Ihre Qualitäts- oder Leistungsziele unmöglich erreichen!

+ Die erste Hilfe:
Feasibility-Studie.

☑ **Anmerkung:**
Ein ähnlicher Projektunfall ist das Himmelfahrtsprojekt (s. Kapitel 22).

Das Problem

Dies ist der Projekt-GAU. Mit der Erkenntnis, dass er sein Projektziel unmöglich erreichen kann, bricht für den Projektmanager eine Welt zusammen. Karriere-, ja Existenzängste brechen auf. Gestern hatte er noch ein Projekt – heute steht er vor dem sprichwörtlichen Scherbenhaufen.

Ein deutscher Kfz-Bauer gibt einen neuen Motor mit ehrgeizigen Leistungsmerkmalen in Auftrag. Nach zwei Jahren und einem zweistelligen Millionenbetrag an Entwicklungskosten muss das Projektteam erkennen: Die ehrgeizigen Ziele sind definitiv nicht zu erreichen. Das Projekt wird still und leise begraben.

Und das ist noch ein positives Ende! In vielen Unternehmen laufen Projekte heute noch und belasten die Bilanz, obwohl sie niemals ihre Ziele werden erreichen können. In vielen Projekten stellt sich nach einigem Herumprobieren heraus, dass vorgegebene Leistungen oder Toleranzen einfach nicht gehalten werden können. Oder dass für die Ziele erst ein neues Material erfunden werden muss. Oder dass eine bestimmte Durchlaufgeschwindigkeit niemals erreicht werden kann.

Zwei Holzwege: Stillhalten oder für unmöglich erklären

Viele Projektmanager trauen sich einfach nicht, den Mund aufzumachen und ihrem Auftraggeber Bescheid zu geben, wenn sich ein Projekt mittendrin als unmöglich herausstellt. Sie sagen nichts und versuchen, das Unmögliche möglich zu machen. Das gelingt nur äußerst selten – denn sonst wäre das Unmögliche ja nicht unmöglich. Diese Strategie ergibt immer ein Ende mit Schrecken. Und je länger dieses Ende auf sich warten lässt, desto größer wird der Schrecken, denn desto teurer wirds für das Unternehmen. Vor allem: Es bleibt immer etwas am Projektmanager hängen – auch wenn er gar nichts dafür kann. Denn er wird immer derjenige bleiben, «der nach 15 Monaten draufkam, dass das gar nicht geht – obwohl der Meier aus der Montage das schon vom ersten Tag an gesehen hat»!

Der zweite Holzweg ist, sofort zum Auftraggeber oder Kunden zu laufen und zu sagen: «Das geht nicht! Das ist unmöglich!» Das ist es zwar – doch das will der Auftraggeber nicht hören.

Es ist unklug, einem Auftraggeber zu sagen, dass ein unmögliches Projekt unmöglich ist.

Denn er wird sofort widersprechen. Schließlich lässt er sich seine tolle Projektidee nicht einfach so kaputtreden! Und je heftiger Sie gegenhalten, desto heftiger wird er widersprechen. Halten Sie nicht dagegen, gehen Sie klüger vor. Greifen Sie zum Erste-Hilfe-Koffer.

Erste Hilfe: Feasibility

Es gibt im Grunde nur eine einzige, wirklich zuverlässige Methode, einen Auftraggeber von der Unmöglichkeit eines Projektes zu überzeugen: die Feasibility-Studie, die Machbarkeitsstudie.

Den Auftraggeber von der Unmöglichkeit überzeugen

- Benachrichtigen Sie den Auftraggeber so früh wie möglich. Möglichst sofort, nachdem Sie die Unmöglichkeit entdeckt und sich vorbereitet haben. So früh wie möglich heißt: Spätestens im Rahmen der Arbeitspaketplanung.
- Benachrichtigen Sie ihn jedoch gleichzeitig so fundiert wie möglich – sonst glaubt er Ihnen nicht.
- Konzentrieren Sie Ihre ganze Energie und die Ihres Teams auf diese Aufgabe – nicht auf das eigentliche Projekt!
- Schlagen Sie dem Auftraggeber eine Feasibility-(Machbarkeits-)Studie vor: «Wären Sie damit einverstanden, dass wir mit dem Projekt erst weitermachen, wenn die Studie positiv ausfällt?»

Konzipieren und schlagen Sie die Studie so vor, dass sie ganz konkrete, messbare, zuverlässige und vor allem zweifelsfreie Ergebnisse liefert: Was Sie schwarz auf weiß besitzen, kann der Auftraggeber nicht mehr verwerfen.

Mit den Ergebnissen einer Feasibility-Studie in der Hand können Sie viel besser argumentieren. Kein Auftraggeber akzeptiert es, wenn Sie ihm sagen, dass sein geliebtes Projekt unmöglich ist. Doch von einer Feasibility-Studie lassen sich Auftraggeber gerne überzeugen. Ohne diese Ergebnisse können Sie nur immer wieder behaupten, dass es unmöglich ist, während der Auftraggeber behauptet, dass es möglich sein muss.

Die Feasibility-Studie

Natürlich ist es nicht leicht, einem unmöglichen Projekt mittels Feasibility-Studie nachzuweisen, dass es unmöglich ist. Es ist sogar ausgesprochen schwer. Doch es ist sehr viel leichter, als ein unmögliches Projekt zu realisieren! Wer die Wahl zwischen Machbarkeitsstudie und unmöglichem Projekt hat, wird immer die Studie wählen. Zuverlässige Feasibility-Studien lassen sich auf der Basis von aussagekräftigen Messzahlen oder Szenarien, auf der Grundlage von Prototypen, Feldstudien oder Materialtests anstellen. Wenn Sie zusammen mit Ihrem Team ein bisschen nachdenken, fällt Ihnen unter Garantie mindestens eine gute Möglichkeit ein, eine solche Studie anzustellen.

Manchmal greift man innerhalb einer Feasibility-Studie zu Benchmarks oder Referenzen, nach dem Motto: «Seht her, bei diesem Unternehmen ist Folgendes dabei herausgekommen!» Klug gewählte Referenzen haben zwar eine manchmal schon sagenhafte Überzeugungskraft. Doch sie bergen auch ein großes Risiko:

Wenn Sie Referenzen heranziehen, dann sollten deren Rahmenbedingungen auch mit den Ihren übereinstimmen!

Dazu ein Negativbeispiel. Ein deutsches Handelsunternehmen entscheidet sich für eine bestimmte Kunden-Software. Als Referenz dient ein US-Handelsunternehmen, bei dem die Software mit hervorragenden Ergebnissen läuft. Nach der Einführung bricht beim deutschen Unternehmen das Chaos aus. Warum? In den USA lief die Software mit sieben Millionen Kunden. Dass dies keine Referenz für die 42 Millionen europäischen Kunden des deutschen Unternehmens sein kann, hätte eigentlich auf der Hand liegen müssen.

Wenn Sie in Sachen Machbarkeit eine Referenz heranziehen, dann sorgen Sie auch dafür, dass das, womit Sie Ihr Unternehmen vergleichen, auch tatsächlich vergleichbar ist.

15. «Die Leute arbeiten nicht mit!»

☎ **Das Problem:**
Einzelne Teammitglieder sind passiv, lustlos, denken nicht mit und halten das Projekt auf.

+ Die erste Hilfe:
Einzelaufträge und Einzelsteuerung.

Das Problem

Wenn der geneigte Laie «Projektarbeit» hört, denkt er unwillkürlich an Projektteams, welche sich bedingungslos für ihr Projekt einsetzen, endlos Überstunden schieben und wie eine verschworene Gemeinschaft zusammenhalten. Das ist manchmal auch so.

Weitaus häufiger kommt es bezüglich des Engagements der Teammitglieder jedoch zu Projektunfällen. Einzelne Teammitglieder

- sitzen passiv in den Sitzungen und schweigen sich an,
- drucksen auch dann noch unverbindlich herum, wenn Sie sie explizit nach ihrer Meinung fragen,
- machen Dienst nach Vorschrift,
- warten darauf, dass Sie ihnen haarklein sagen, was sie tun sollen,
- arbeiten nur auf Anweisung oder entwickeln zu wenig Engagement,
- sind so passiv, dass sie es Ihnen noch nicht einmal durchmelden, wenn bei ihren Arbeitspaketen Probleme auftauchen,
- beseitigen diese Probleme auch nicht selbstständig, sondern warten darauf, dass Sie als Projektmanager die Drecksarbeit übernehmen.

Ärgerlich, nicht wahr? Nein, das ist nicht bloß ärgerlich, das ist äußerst schädlich. Projekte sind nämlich in der Regel so organisiert, dass jeder mit anpacken muss, damit das Projekt vorankommt. Sitzt auch nur einer passiv herum, anstatt die Ärmel hochzukrempeln, gibt es wegen der gegenseitigen Abhängigkeit (Interdependenz) der Arbeitspakete schon Probleme.

Tun das gar mehrere, kann man das Projekt gleich abschreiben – oder es bleibt eben alles am Projektmanager hängen. Doch allein kann selbst der beste Projektmanager die Karre nicht aus dem Dreck ziehen. Unter dieser Perspektive verzweifeln viele Projektmanager. Denn was soll man mit solchen Teammitgliedern anfangen? Da kann man im Grunde nur noch davonlaufen.

Was tun, wenn Sie solche traurigen Gestalten in Ihrem Projektteam entdecken?

Drei Holzwege: Beknien, anblaffen, ertragen

Die meisten Projektmanager versuchen in so einem Fall, den entsprechenden Teammitgliedern gut zuzureden. Sie beknien sie. Wenn Sie jemals so einen Fall hatten, wissen Sie: Das kostet unglaublich viel Zeit, Geduld, Nerven und Energie – und bringt im Endeffekt nichts außer Zeitverlust und Ärger. Wer passiv ist, lässt sich auch durch gutes Zureden nicht dauerhaft aktivieren. Aus einem Ackergaul wird auch durch gutes Zureden kein Rennpferd.

Bemerkt ein Projektmanager dies, rastet er oder sie nicht selten aus und «faltet» den Betreffenden «zusammen», wie es so grafisch im Bürojargon heißt. Die Gardinenpredigt erschreckt den Betreffenden zwar. Danach arbeitet er auch etwas besser mit. Doch das Strohfeuer hält nicht lange vor. Kurz danach sinkt der Kandidat wieder auf sein kaum vorhandenes Engagement-Niveau ab.

Deshalb beschreiten viele Projektmanager den dritten Holzweg: Sie resignieren einfach. Was soll man auch machen, wenn weder Beknien noch Anblaffen etwas bringen? Diese Lösung ist zwar verständlich, doch in keinem Fall zu empfehlen: Da Projektteams funktional besetzt sind und mit dem Ausfall eines passiven Teammitglieds auch die Funktion (das Arbeits-paket) nicht oder nur unzureichend wahrgenommen wird, riskiert man entweder den Projekterfolg – oder macht die Arbeit eben selber. Beide Lö-sungen gehen voll zu Lasten des Projektleiters. Deshalb sind beide Lösun-gen inakzeptabel. Wenn diese drei Pseudolösungen nichts taugen, was bleibt dann noch? Professionelle erste Hilfe.

Erste Hilfe bei resignierten Teammitgliedern

1. Prüfen Sie zunächst: Woran liegts denn? Es leuchtet ein, dass Beknien nichts bringt, wenn man noch nicht einmal weiß, warum der Passive denn so passiv ist.

Die Gründe für die Passivität liegen fast immer im Arbeitsumfeld des Betroffenen und dort fast immer am direkten Vorgesetzten.

Diesen Zusammenhang werden Sie mit unschöner Regelmäßigkeit bestätigt finden, wenn Sie sich mit passiven Teammitgliedern unterhal-ten. Sie werden heraushören, dass der direkte Vorgesetzte
- den Betroffenen klein hält, am Gängelband führt,
- nicht die Informationen gibt, die der Betroffene braucht, um einen guten Job zu machen,
- seine Mitarbeiter wie kleine Kinder behandelt,
- den Betroffenen nicht in Ruhe arbeiten lässt,
- heute so und morgen so sagt,
- einzelne Mitarbeiter überfordert, unter Druck setzt, als Sünden-böcke verkauft.

Und so weiter. Der Symptomkatalog für Führungsversagen ist endlos.

Vorsicht: Der Grund für Passivität liegt eher selten im Privaten und Persönlichen.

Trotzdem vermuten viele Projektmanager, wenn ein Teammitglied lustlos herumsitzt: «Der hat bestimmt privat Ärger!» Nein, und zwar aus einem einfachen Grund: Privates oder Persönliches geht entweder bald vorüber, oder der Betroffene redet darüber. Die legendäre Passivität von Teammitgliedern zeichnet sich jedoch gerade dadurch aus, dass sie lang anhaltend ist und der Betroffene eben nicht darüber spricht. Denn über private Probleme redet man – die lassen sich ja irgendwie auch lösen. Doch über einen inkompetenten Vorgesetzten spricht man nicht. Diesen erduldet man stumm – weil sich daran ja doch nichts ändern lässt! Also sitzt der Betroffene in Ihrem Projekt so passiv wie in seiner Abteilung. Weil er es so gewohnt ist.

Wohlgemerkt: Nicht alle Betroffenen reagieren so. Viele, die unter einem schlechten Vorgesetzten leiden, blühen im Projekt richtig auf – eben weil sie da für einige Zeit den schwachen Vorgesetzten los sind. Doch genauso viele reagieren genau entgegengesetzt, indem sie einfach passiv werden.

2. Unterlassen Sie Therapieversuche! Wenn sie dahinter gekommen sind, dass es am Linienvorgesetzten liegt, begehen die meisten Projektmanager einen kapitalen Fehler: Sie versuchen, den Betroffenen aus seiner inneren Emigration herauszureden. Das ist erstens Unfug, weil es in 95 Prozent der Fälle einfach nicht funktioniert. Und zweitens ist es unangebracht, weil Sie einen Projekt- und keinen therapeutischen Auftrag haben. Sie sind der Projektmanager Ihres Teammitglieds, nicht sein Therapeut! Also verhalten Sie sich auch nicht wie ein solcher.

3. Nehmen Sie das passive Teammitglied aus den Projektsitzungen heraus. Es geht nicht an, dass Sie ein Mitglied um dessen Meinung bitten und dieses immer nur «Tja, hm, äh» anbieten kann. Das macht den Teamgeist kaputt und bringt nicht weiter. Darüber hinaus bringt es die restlichen, noch aktiven Mitglieder auf die Palme. Teilen Sie dem Mitglied unter vier Augen mit: «So gehts nicht weiter. So machen Meetings für Sie und uns keinen Sinn. Ich schlage deshalb vor, dass wir unsere Zusammenarbeit auf das rein Inhaltliche konzentrieren und ich Ihnen Ihre Aufträge und Arbeitspakete persönlich übergebe.» Zeigen Sie da-

bei zwar Verständnis der Person gegenüber, aber Konsequenz in der Sache. Manchmal lenkt dann der Passive ein und reißt sich am Riemen (weil er die Konsequenzen seiner Passivität, sobald Sie ihn damit konfrontieren, nicht tragen möchte). Wenn nicht, haben Sie immerhin eine Basis der Zusammenarbeit geschaffen, die weitaus besser funktioniert als das bisherige Verfahren.

4. Wenn ein passives Teammitglied nicht selbstständig mitdenkt und handelt, dann einigen Sie sich mit ihm auf klare Ziele und Absprachen und
   - geben Sie ihm bis ins Detail beschriebene Aufträge,
   - geben Sie ihm exakte Terminvorgaben mit Zwischenterminen, an denen Sie seinen Fortschritt kontrollieren können,
   - fragen Sie sofort darauf nach: Hat er Ihren Auftrag verstanden? Lassen Sie sich genau beschreiben, wie er vorgehen wird, um nachzuprüfen, ob er Ihren Auftrag verstanden hat.

5. Bleiben Sie auf jeden Fall dran! Verlassen Sie sich auf keinen Fall darauf, dass der Passive das tut, was er zugesagt hat. Vertrauen ist in diesem Fall nicht angebracht. Kontrolle ist angesagt. Schauen Sie regelmäßig nach: Was tut er gerade? Tut er, was er tun soll? Bringt er, was er bringen soll?

Zugegeben, das klingt eher nach Kindergarten als nach Projektmanagement. Doch wenn ein schwacher Linienvorgesetzter einen erwachsenen Menschen in ein unmündiges Kind verwandelt hat, dann müssen Sie damit eben zurechtkommen. Das mag Ihnen zwar seltsam erscheinen – doch alles andere macht keinen Sinn. Vor allem: Alles andere bringt keine Ergebnisse! Und für Ergebnisse werden Sie und Ihr Team schließlich bezahlt.

Auf einen Blick: Passive Mitglieder auf Trab bringen

- Finden Sie im persönlichen Gespräch heraus, warum das Teammitglied passiv ist. Überprüfen Sie den Verdacht, ob es der Vorgesetzte ist.
- Verkneifen Sie sich Therapieversuche! Das bringt nichts und ist meist unerwünscht.

- Falls das nicht möglich ist: Nehmen Sie den Passiven aus den Teamsitzungen heraus.
- Geben Sie ihm in allen Einzelheiten beschriebene Einzelaufträge inklusive Zwischenterminen zur Kontrolle.
- Bleiben Sie am Passiven dran, und schauen Sie freundlich, aber bestimmt nach, ob er auch macht, was er zugesagt hat.

16. «Bei uns werden die Projektmanager verheizt!»

☎ Das Problem:

Je erfolgreicher Sie ein Projekt führen, desto mehr werden Sie bestraft, indem Ihnen noch ein Projekt aufgebrummt wird und noch eines und noch eines und …

✚ Die erste Hilfe:

- Verlangen Sie für jede Mehrleistung einen Ausgleich.
- Halten Sie die Ungleichung aufrecht:
  Effizienzsteigerung > Aufgabenzuwachs.

Das Problem

Projektarbeit kann sehr unfair sein. Wenn Sie in Ihrer Fachabteilung gute Arbeit leisten, werden Sie (vielleicht, wenn Ihr Vorgesetzter führungskompetent ist) dafür belohnt. Wenn Sie im Projekt gute Arbeit leisten, werden Sie meist bestraft.

Da Ihre Vorgesetzten, der Steuerzirkel und die Auftraggeber sehen, dass Sie gute Arbeit leisten, bekommen Sie noch ein Projekt aufgebrummt und noch eines und noch eines … bis Sie zusammenbrechen. Viele Unternehmen, aber auch Bereiche und Abteilungen von Unternehmen sind dafür bekannt, dass sie ihre Projektmanager regelrecht verheizen.

Die Holzwege

Was tun die meisten Projektmanager, wenn sie systematisch überlastet werden? Sie jammern, leiden, resignieren, verlieren die Lust an der Arbeit und danach ihre Gesundheit, entwickeln psychosomatische und Immunerkrankungen und versuchen generell, das zusätzliche Projekt irgendwie auch noch zu stemmen. Gelingt ihnen das, verschlimmern sie dadurch ihre Lage, weil sie alsbald das nächste Projekt aufgebrummt bekommen. Gelingt ihnen das nicht, brennen sie aus.

Erste Hilfe: Ausgleich

Eines vorweg: Niemand kann Sie zum Burn-out zwingen. Es brennen immer nur die gutmütigen Projektmanager aus. Jene, die es mit sich machen lassen. Oder um es mit einem Slogan der 60er-Jahre zu sagen: Wer sich nicht wehrt, lebt verkehrt. Das heißt:

Wer Ihnen eine Mehrleistung aufträgt, von dem holen Sie sich einen Ausgleich.

Sie fühlen sich bei diesem Gedanken unwohl? Ein Seminarteilnehmer sagte einmal: «Sie hetzen die Leute gegen die eigenen Vorgesetzten auf!» Bevor ich antworten konnte, stand ein anderer Seminarteilnehmer, ein Geschäftsführer, auf und meinte: «Nur ein schwacher Vorgesetzter würde das als Verhetzung missinterpretieren. Ein guter Vorgesetzter weiß, dass von nichts nichts kommt. Wenn ich von einem Mitarbeiter etwas Zusätzliches will, dann muss ich ihm auch etwas Zusätzliches geben – das sagt einem schon der gesunde Menschenverstand.» Tja, ihm sagte das der gesunde Menschenverstand ... Doch schwache Vorgesetzte empfinden eine Bitte um Gegenleistung tatsächlich als Volksverhetzung – daran erkennen Sie übrigens schwache Vorgesetzte.

Schlucken Sie also keinesfalls die Mehrbelastung: Wer schluckt, verdirbt sich den Magen. Das kann auch nicht im Sinne des Vorgesetzten sein. Lamentieren Sie auch nicht herum: «Wie soll ich denn das auch noch schaffen? Bei mir herrscht doch jetzt schon Land unter!» Das will kein Vorgesetzter hören, weshalb das auch noch nie funktioniert hat, sondern immer nur zu unschönen Wortgefechten führt. Das haben Sie sicher auch schon bemerkt. Trotzdem lassen sich die meisten Projektmanager auf diese sinnlosen Wortgefechte ein. Warum? Weil ihnen die Alternative fehlt. Die Alternative ist die Gegenforderung.

Die Forderung auf Ausgleich

Wenn man Ihnen Mehrarbeit aufdrückt, fordern Sie als Ausgleich
* weniger hohe Ziele für einzelne Projekte und/oder
* mehr Zeit für einzelne Projekte und/oder
* mehr Budget und/oder
* mehr Teammitglieder.

Am besten, Sie fordern alle vier Gegenleistungen mit konkreten, quantifizierten Vorschlägen – der Vorgesetzte wird Sie sowieso herunterzuhandeln versuchen. Deshalb kriegen Sie nie, was Sie fordern. Aber Sie kriegen auf jeden Fall sehr viel mehr, als wenn Sie gar nichts fordern, und still klagend ihr Privat- und Familienleben opfern.

Das, was Sie an Ausgleich zwar fordern, aber nicht bekommen, können Sie sich mit der zweiten Erste-Hilfe-Maßnahme holen.

Erste Hilfe: Effizienzsteigerung

Nehmen wir an, Sie leben im 18. Jahrhundert an einem deutschen Binnengewässer. Der Landvogt verlangt, dass Sie einen Sack Getreide in Ihrem Kanu über den See fahren. Sie kommen der Bitte nach. Weil das so gut geklappt hat, verlangt Ihr Vogt in der folgenden Woche, dass Sie drei Säcke übersetzen. Sie wissen: Das schafft das Kanu nicht, da geht es unter. Also besorgen Sie sich einen Stocherkahn. Weil Sie den Landvogt kennen, tauschen Sie den Kahn alsbald gegen ein Lastenfloß aus. Und siehe da, der Vogt will tatsächlich bald schon zehn Säcke transportieren, was per Floß bequem geht. Und bevor der Vogt Ihr Floß überlädt und versenkt, besorgen Sie sich einen Lastenkahn – dieser kann in einer Fuhre 20 Säcke transportieren. Die Moral von der Geschichte:

Klagen Sie nicht, dass die Mehrbelastung Sie belastet. Entlasten Sie sich, indem Sie Ihre Effizienz schneller steigern, als Ihre Mehrbelastung wächst.

Und sagen Sie bloß nicht, dass Sie schon mit 100 Prozent Effizienz arbeiten. Denn nirgends gibt es größere Effizienzreserven als bei der Projektarbeit. Wir betrachten im Folgenden die acht dicksten Reserven:

- Auftragsklärung
- Vorgehensplanung
- Frühwarnsystem
- Projektorganisation
- Risiko-Analyse
- Entscheidungsvorbereitung
- Projektpräsentation
- Korrekte Aufgabenverteilung

Mehr Effizienz durch Auftragsklärung

Die meisten Projekte verlieren viel Zeit in der ersten Projekthälfte, weil das Team in mindestens ein halbes Dutzend unterschiedlicher Richtungen loslegt, die sich hintereinander allesamt als falsch herausstellen. Das heißt, man leistet völlig unbrauchbare Mehrarbeit – der Gipfel der Ineffizienz.

Erst nach mehreren Anläufen stellt sich heraus, was der Auftraggeber wirklich will – das hätte man auch früher herausfinden können! Nämlich mit einer Auftragsklärung. Je besser Ihre Auftragsklärung, desto höher Ihre Effizienz, desto mehr Arbeit, Aufgaben und Projekte können Sie in derselben Zeit bewältigen. Hier die wesentlichen Punkte in aller Kürze:

Kompakt-Check Auftragsklärung

- Warten Sie nicht, bis sich herausstellt, «was unser Auftraggeber eigentlich will.»
- Klären Sie Unklarheiten ASAP – as soon as possible.
- Fragen Sie einfach hartnäckig, aber höflich so lange nach, bis Sie alles wissen, was Sie wissen müssen. Das sind insbesondere folgende Informationen:
- Was genau ist der Projekt-Lieferumfang? Was alles muss Ihr Projekt erreichen?
- Was brauchen Sie nicht mit dem Projekt zu leisten?
- Was sind Ihre konkreten Ziele? An welchen Zahlen wird die Zielerreichung gemessen?
- Was sind unklare Ziele?
- Was sind strittige Ziele?
- Was passiert, wenn das Projekt nicht erfolgreich ist?
- Denken Sie an das Gebot der Schriftform: Machen Sie Notizen über die Auftragsklärung und geben Sie dem Auftraggeber eine Kopie, damit er sich daran erinnern kann, welche Ziele er vereinbart hat und welche nicht.

Mehr Effizienz durch Vorgehensplanung

Die meisten Projektmanager beklagen das Chaos im Projekt, den mangelnden Überblick. Sie vergessen dabei: Dieses Projektchaos ist nicht nur lästig, nervig und teuer, es kostet auch unheimlich viel Zeit. Zeit, in der Sie Besseres tun könnten. Verschaffen Sie sich den Überblick über Ihr Projekt, sparen Sie damit viel Zeit und steigern Sie dadurch Ihre Effizienz beträchtlich.

Kompakt-Check Vorgehensplanung

- Welche Abteilungen benötigen Sie fürs Projekt?
- Welche Phasen hat das Projekt?
- Erstellen Sie daraus eine Matrix: Was macht welche Abteilung in welcher Phase? Das sind die Arbeitspakete der Abteilungen.
- Wer ist für diese Pakete verantwortlich?

- Wie viel Aufwand pro Paket?
- Wann wird jedes Paket starten, bis wann muss es fertig sein?

Mehr Effizienz durch Frühwarnsystem

Zeit verlieren Sie im Projekt auch dann, wenn Sie von Pannen oder Abweichungen überrascht werden oder sie einfach zu spät bemerken. Noch mehr Zeit verlieren Sie dann über der Abweichungskorrektur. Abweichungen werden oft als «typisch für Projekte» betrachtet. Das ist ein Irrtum. Abweichungen sind nur typisch für Projekte ohne Frühwarnsystem.

Kompakt-Check Frühwarnsystem

- Legen Sie für jedes Arbeitspaket das Ziel fest.
- Legen Sie fest, woran Sie die Zielerreichung messen.
- Setzen Sie in jedem Paket Zwischentermine, an denen Sie die Teilergebnisse überprüfen.

Wenn am 7. März ein Paket fällig ist und Sie erst am 10. März bemerken, dass es mit diesem Paket nicht hinhaut, sind Sie schon hoffnungslos im Hintertreffen. Wenn Sie jedoch auf den 22. Februar einen Zwischentermin angesetzt haben, dann bemerken Sie schon am 22., dass das Paket in Schwierigkeiten steckt und können so gegensteuern, dass möglicherweise noch der 7. März gehalten werden kann. Zwischentermine sind das beste Frühwarnsystem.

Mehr Effizienz durch Projektorganisation

Viele Projekte sind einfach schlecht organisiert. Keiner weiß so recht, wer wofür zuständig ist. Die resultierende Verwirrung verursacht Mehrfach- und Parallelarbeiten, wenn zwei oder mehr Teammitglieder unnötigerweise an derselben Aufgabe arbeiten oder ein bereits erfundenes Rad neu erfinden – der Gipfel der Ineffizienz.

Die erste Hilfe ist ganz einfach: Organisieren Sie die Verantwortlichkeiten. Erstellen Sie formlos eine Liste, auf der jedem Teammitglied seine Verantwortlichkeit zugeordnet ist – und zwar so, dass jedes andere Mitglied diese auch nachvollziehen kann. Verteilen Sie diese Liste an alle. Sie können die Liste auch spiegelverkehrt erstellen: Jeder Aufgabe im Projekt wird ein Verantwortlicher zugeordnet. Beide Listen zusammen ergeben den perfekten Überblick.

Mehr Effizienz durch Risiko-Analyse

Projekte verlieren sehr viel Zeit beim Beheben von Unfällen, von denen man nach ihrem Eintreten sagt: «Das hätten wir uns auch vorher schon denken können!»

Tja, warum hat man es sich nicht vorher schon gedacht? Weil die Risiko-Analyse fehlte.

Kompakt-Check Risiko-Analyse

* Erstellen Sie so früh wie möglich gemeinsam im Team eine Risiko-Liste mit allen denkbaren Risiken.
* Ordnen Sie in der Liste jedem Risiko eine Eintrittswahrscheinlichkeit (in Prozent) zu.
* Fragen Sie bei jedem Risiko nach den Folgen: Wie würde sich das aufs Projekt auswirken? Tragen Sie die Folgen in die Liste ein.
* Tragen Sie ebenfalls ein, wie Sie das Risiko vermeiden, gegensteuern oder beheben können.
* Ordnen Sie diesen Maßnahmen den Aufwand zu.

Damit sind Sie bestens auf alle Risiken vorbereitet und können diese entweder ganz vermeiden oder schnell beheben – beides spart Zeit, Nerven und Ressourcen und steigert damit Ihre Effizienz.

Mehr Effizienz durch Entscheidungsvorbereitung

Viel Zeit geht in Projekten dadurch verloren, dass man däumchendrehend auf eine anstehende Entscheidung warten muss. Das liegt in 90 Prozent der Fälle nicht daran, dass die Manager, welche die Entscheidungen treffen sollen, langsam oder denkfaul wären. Es liegt vielmehr daran, dass sie diese

Entscheidungen nicht schnell genug treffen können, weil die Entscheidungsvorlagen so löchrig sind.

Wie eine effiziente Entscheidungsvorbereitung aussieht, haben wir in Kapitel 10 (Seite 60) ausführlich betrachtet.

Effizientere Präsentationen

Projektpräsentationen sind ein Ausbund an Ineffizienz. Viele Projektmanager werden erst nach einer halben Stunde so richtig warm. Gute Projektmanager sind da schon seit zehn Minuten fertig. Wie eine effiziente Projektpräsentation aussieht, haben wir in Kapitel 13 (Seite 78) betrachtet.

Mehr Effizienz durch korrekte Aufgabenverteilung

Je mehr Sie im Projekt selber erledigen, desto mehr haben Sie zu tun. Das ist zwar effektiv, doch ineffizient. Natürlich gibt es Aufgaben, die nur Sie erledigen können. Doch die meisten Projektmanager sind mit Aufgaben überladen, die gut und gerne auch andere machen könnten – die meisten Projektmanager beklagen sich explizit darüber.

Je mehr Ihr Team erledigt, desto weniger müssen Sie erledigen. Lassen Sie Ihr Team für Sie arbeiten. Das Ausmaß dieser Delegation wechselt je nach Situation und Reife des Teams. Doch generell gilt: Die meisten Projektmanager nutzen nicht ihren vollen Delegationsspielraum und vernichten damit Effizienzpotenzial. Sehr gut lassen sich zum Beispiel einige Steuerungsaufgaben delegieren.

Ziehen Sie einfach eine zweite Steuerungsebene ein: Lassen Sie das Team sich teilweise selbst steuern. Wenn zum Beispiel drei Marketingleute an einem Arbeitspaket arbeiten, ernennen Sie den geeignetsten davon zum Arbeitspaket-Verantwortlichen, der die Selbstkontrolle der Gruppe übernimmt, steuert und selbstverständlich nach festgelegten Zwischenterminen (s. o. Frühwarnsystem) an Sie berichtet. So ersparen Sie sich viel Arbeit, behalten dennoch den vollen Überblick und können jederzeit eingreifen.

Natürlich werden Sie nicht bei jedem Arbeitspaket delegieren können. Doch selbst wenn das nur bei einem Drittel der Pakete möglich ist, verschaffen Sie sich damit sehr viel zusätzliche freie Zeit.

Ein noch viel größeres Potenzial für Ihre zeitliche Entlastung finden Sie in Aufgaben, die im Laufe des Projektes auftauchen. Diese übernimmt oft ganz selbstverständlich der Projektmanager – ohne zu überlegen: Ist das wirklich mein Job?

Mitten in einem Projekt taucht die Frage auf: Akzeptiert unsere potenzielle Kundenzielgruppe überhaupt die Produkteigenschaften X und Y? Das Team kommt überein: «Wir müssen eine kleine Marktstudie machen.» Der Projektmanager sagt: «Ich kümmere mich darum!» Warum? Das ist doch wohl eindeutig die Sache vom Marketing!

Stellen Sie sich bei jeder neu auftauchenden Aufgabe die zentralen Fragen der korrekten Aufgabenverteilung: Wer hat die Fachkompetenz für diese Aufgabe? In wessen Fachbereich fällt das? Wer muss das also machen? Dann macht der oder die das auch!

Ausmaß der Effizienzsteigerung

Wenn Sie die eben skizzierten acht Effizienzpotenziale anzapfen (und nebenbei noch einige andere selbst entdecken), werden Sie Ihren Auftraggebern immer einen Schritt voraus sein. Sie werden die anfallende Mehrarbeit ohne Überstunden erledigen können – einfach indem Sie Ihre Effizienz einen weiteren Dreh steigern.

Was Projekteffizienz ausmacht, erkennen Sie am besten im Vergleich von Projektmanagern untereinander. Da gibt es welche, die bei vergleichbaren Aufgaben schon bei zwei Projekten die Wochenenden durcharbeiten müssen. Und es gibt welche, die schaffen auch noch fünf Projekte während der normalen Arbeitszeit. Was macht den Unterschied? Effizienz macht den Unterschied.

17. «Uns werden permanent Steine in den Weg gelegt!»

☎ **Das Problem:**
Ein Auftraggeber beauftragt Sie mit einem Projekt – doch anstatt Sie auch bei der Projektarbeit zu unterstützen, legen er oder andere Ihnen permanent Steine in den Weg.

✚ **Die erste Hilfe:**
Zeigen Sie die Folgen auf Q, T, K und P auf, und verhandeln Sie neu.

Das Problem

Wenn ein Projektmanager ein Projekt bekommt, dann nimmt er (wenn er unerfahren ist) ganz automatisch an, dass sich der jeweilige Auftraggeber freut, wenn das Projektergebnis bald und vollständig vorliegt. Er erwartet also ganz unbewusst, dass sich der Auftraggeber für den Projektverlauf interessiert und ihn wohlwollend unterstützt. Schließlich hat er selbst das Projekt in Auftrag gegeben! Doch weit gefehlt: Erschreckend oft unterstützt der Auftraggeber oder Kunde sein eigenes Projekt nicht. Er und viele andere Manager und Mitarbeiter aus dem eigenen Unternehmen behindern es sogar,

- indem sie zugesagte Ressourcen nicht freigeben,
- vereinbarte Unterstützung nicht liefern,
- versprochene Mitarbeiter abziehen,
- sich total aus dem Projekt verabschieden und weder für Informationen noch für Entscheidungen erreichbar sind.

Emotional ist diese Situation für Projektmanager äußerst belastend. Sie kommen sich wie Ausgestoßene vor. Anstelle der erwarteten Unterstützung bekommen sie von überall Steine in den Weg gelegt. «Projektarbeit», sagt eine 48-jährige Projektleiterin, «ist bei uns wie Spießrutenlaufen.»

Die Holzwege: Jammern und weitermachen

Inzwischen kennen Sie die beliebtesten Holzwege bei der Projektarbeit: Sich fürchterlich über einen Missstand aufregen – und dann einfach weitermachen, im Versuch, das Unmögliche doch irgendwie möglich zu machen. Diese Holzwege sind immer dieselben. Mit immer derselben Folge: Stress, ruiniertes Privatleben, gescheiterte Projekte, Burn-out. Allein die Gründe für die Holzwege wechseln. Natürlich sind Sie im Endeffekt für den Endtermin zuständig – aber das heißt doch nicht, dass Sie alles mit sich machen lassen sollen! Denn stellt Ihr Kunde oder Auftraggeber fest, dass er alles mit Ihnen machen kann, wird er auch alles mit Ihnen machen. Darauf können Sie sich verlassen.

Erste Hilfe: Folgen aufzeigen, neu verhandeln

Die Folgen aufzeigen – mit dieser Erste-Hilfe-Maßnahme kommen Sie im Projekt immer weiter. Wenn man Sie hängen lässt, zeigen Sie einfach freundlich, aber hartnäckig die Konsequenzen für die vier Stellschrauben auf:

    Q – Qualität
    T – Termine
    K – Kosten
    P – Personal

Frank Steller wird vor Projektbeginn ein neuer Motor für seine zu entwickelnde Maschine versprochen. Der Motor kommt nicht. Also informiert Steller seinen Auftraggeber, dass sich mit dem alten Motor drei Anwendungen der neuen Maschine (Q) nicht fahren lassen werden. Dass sich alternativ bei einer Eigenentwicklung eines passenden Motors der Endtermin (T) um drei Monate verschieben wird, sofern man vier Entwickler (P) bekommt. Dass andererseits durch Zukauf eines neuen Motors die Projektkosten (K) um fünf Prozent steigen würden.

Gewiss: Kein Auftraggeber wird begeistert sein, wenn Sie ihm das sagen. Doch Sie sind ja auch nicht begeistert, dass man Ihnen Steine in den Weg legt! Außerdem ist die Rückmeldung von Konsequenzen sehr hilfreich. Normalerweise sagt dann ein Projektmanager: «So geht das aber nicht! So können wir nicht arbeiten!» Diese Aussage ist nicht hilfreich für einen Auftraggeber. Wer dagegen die Konsequenzen auf Q, T, K und P aufzeigt, hilft seinem Auftraggeber, aus diesen Alternativen die für ihn beste auszusuchen. Das ist zwar nicht immer einfach, aber man kommt dabei immer zu einer Lösung. Diese Lösung heißt: Das Projekt neu verhandeln. Das heißt, je nachdem, für welche Projektvariable sich der Auftraggeber entscheidet, schreibt man die resultierenden Änderungen im Projekt als neuen Projektauftrag fest: «Wir bekommen den neuen Motor nicht, also wird ihn das Projektteam selbst entwickeln, wofür wir den Endtermin um zwei Monate verschieben und noch drei zusätzliche Entwickler abstellen.»

Am Anfang fällt es nicht leicht, sich zu wehren und nachzuverhandeln. Doch wenn Sie das zwei-, dreimal gemacht haben, fällt es Ihnen nicht nur leicht. Sie müssen danach auch kaum mehr nachverhandeln. Denn die Leute, die Ihnen bislang Steine in den Weg gelegt haben, merken: «Dieser Projektmanager versteht sein Geschäft. Also lassen wirs bleiben.» So erziehen Sie sich Ihre Projektumgebung. Jeder Projektmanager hat die Auftraggeber und Fachabteilungen, die er verdient. Oder wie es der Fertigungsleiter eines Instrumentenbauers einmal sagte: «Drei von unseren zehn Projektmanagern legt keiner einen Stein in den Weg, weil jeder weiß: Das hat Konsequenzen!»

18. «Der Kunde zieht mich übern Tisch!»

☎ **Das Problem:**

Ein Kunde fordert nach, ohne dafür bezahlen zu wollen.

✚ **Die erste Hilfe:**

Unterbrechen Sie, zeigen Sie die Konsequenzen der Extrawurst auf Q, T, K und P auf, fordern Sie eine Gegenleistung für den Extrawunsch und verhandeln Sie eine neue Einigung.

Das Problem

Je länger ein Projekt dauert, desto mehr Änderungswünsche hat ein Kunde. Der Appetit kommt eben beim Essen.

Neulich verlangte ein großes Gartenbedarfsunternehmen von einem Hersteller ein zusätzliches Zubehör zum Gartengerät, das dieser entwickeln sollte – wobei dieses Spezialzubehör mehr Entwicklungszeit in Anspruch genommen hätte als das eigentliche Projekt! Natürlich wollte der Kunde weder den Endtermin verlängern noch dafür bezahlen: «Das gehört schließlich zum Projektauftrag!»

Wohl gemerkt: Wir reden hier nicht über die üblichen, verständlichen Änderungswünsche, die jeder normale Mensch nachvollziehen kann. Wir reden hier über ganz klare Versuche, dem Projektmanager Mehrleistungen unterzujubeln. Und jeder noch so unerfahrene Projektmanager merkt, wo ein verständlicher Änderungswunsch aufhört und wo das Unmögliche beginnt.

Der Holzweg: Schlucken und irgendwie hinkriegen

Wenn der Kunde überzogene Nachforderungen stellt, sagt kaum ein Projektmanager mal: «Also das finde ich etwas überzogen!» Warum eigentlich nicht, wenn es die Wahrheit ist (und der Kunde das im Grunde weiß)? Weil

- der Projektmanager schon so viel Zeit in das Projekt investiert hat und es jetzt nicht gefährden will.
- er fürchtet, der Kunde erwidert: «Sie kriegen das nicht hin? Sie sind ja unfähig!»
- er fürchtet, dass der Kunde dem Vorgesetzten des Projektmanagers «steckt», dass er den Projektmanager für unfähig hält.
- er fürchtet, dass sich sein Vorgesetzter auf die Seite des Kunden schlägt (schwache Vorgesetzte machen das leider).

Lauter gute Gründe also, den Mund zu halten, zu schlucken und zu hoffen, dass man die Gratis-Sonderwünsche des Kunden irgendwie im Rahmen der Termine und des Budgets hinbiegen kann. Leider funktioniert das nie, wenn der Kunde wirklich den Bogen überspannt. Vor allem, weil der Kunde es nicht bei der einen überzogenen Forderung belässt, wenn er merkt, dass ers mit Ihnen machen kann.

Erste Hilfe in vier Schritten

1. Unterbrechen Sie sofort das Gespräch, wenn der Kunde den Bogen überspannt. Aber nicht nach der Trotzkopf-Methode: rausstürmen und Türe knallen. Sondern diplomatisch: «Sie haben da einen umfangreichen Zusatzwunsch. Leider ist er so weit von unserer gemeinsamen Projektplanung entfernt, dass ich das erst nachplanen muss.» Erbitten Sie eine Denkpause und legen Sie sich Ihre Argumente (siehe 2) zurecht. Wenn Sie kein Experte für den Extrawunsch des Kunden sind, vertagen Sie und bringen Sie zur nächsten Runde den entsprechenden

Spezialisten aus Ihrem Team mit – auch ein Projektmanager kann nicht alles wissen!

Verfallen Sie auf keinen Fall der Versuchung, etwas selbst zu entscheiden, was Sie solo nicht allein entscheiden können oder sollten! Im ungünstigsten Fall sagen Sie etwas zu, was faktisch nicht geht. Im günstigsten Fall ist Ihr Team stinksauer auf Sie, dass Sie sich haben über den Tisch ziehen lassen und das Team Ihre Schwäche jetzt ausbaden muss.

2. Zeigen Sie die Konsequenzen des Extrawunsches auf Q, T, K und P auf (Qualität, Termine, Kosten, Personaldecke des Projektes). Erklären Sie dem Kunden, aufgrund welcher zusätzlicher Arbeitspakete sich T, K und P erhöhen. Denn sonst behauptet der Kunde: «Aber ihr macht im Projektteam doch sowieso solche Sachen – da könnt ihr das auch noch machen!» Oder: «Ach was! So viel Mehraufwand kann das doch nicht machen! Die paar Stunden!»

3. Knüpfen Sie den Extrawunsch des Kunden an eine Gegenleistung. Damit es nicht wie ein Ultimatum aussieht, bieten Sie ihm Alternativen an: «Wir machen das gerne, sofern Sie das Budget (K) um … aufstocken und den Termin (T) auf … verschieben oder uns drei Ihrer Leute (P) geben oder wenn wir vier der B-Anforderungen (Q) dafür streichen dürfen.» Natürlich wird der Kunde nicht hundertprozentig auf eine dieser Optionen einsteigen. Deshalb machen Sie den nächsten Schritt:

4. Verhandeln Sie über eine Einigung. Ein kompetenter Projektmanager muss auch verhandeln können (die meisten können es nicht – tun Sie gegebenenfalls etwas dagegen: Verhandlungstraining für Projektmanager). Meist kommt jeder dem anderen ein bisschen entgegen. Der Kunde reduziert seinen Extrawunsch ein bisschen, Sie reduzieren die verlangte Gegenleistung entsprechend. Sie leisten ein bisschen mehr, der Kunde bezahlt ein bisschen mehr und gibt ein bisschen mehr Zeit. Die erste Hilfe ist erfolgreich abgeschlossen.

Nein, ist sie noch nicht. Denn bei der ersten Hilfe im Projekt gilt, wie mehrfach erwähnt, das Gebot der Schriftform: Durch jeden Kundenwunsch wird der Projektauftrag verändert. Also notieren Sie das Ergebnis von Schritt 4 in allen Punkten der Einigung und geben Sie dem Kunden möglichst noch auf derselben Sitzung das Protokoll mit (damit er nicht sagen kann, er hat das Protokoll nie bekommen …).

19. «Der Kunde weiß nicht, was er will!»

☎ **Das Problem:**

Der Kunde will es heute so und morgen so, bremst damit sein eigenes Projekt aus und macht Sie dann auch noch für die Terminverzögerungen verantwortlich!

✚ **Die erste Hilfe:**

Verschärfte Auftragsklärung. Wenn nötig die ersten Projektwochen vollständig der Klärung widmen.

☑ **Anmerkung:**

Wenn nicht Ihr (externer) Kunde, sondern Ihr (interner) Auftraggeber nicht weiß, was er will, leisten Sie erste Hilfe mit den Maßnahmen, die in Kapitel 1 beschrieben sind.

Das Problem: Der Zickzackkunde

Je länger Sie Projektmanager sind, desto mehr werden Sie den Eindruck bekommen, dass es in einem Projekt nur so von Leuten wimmelt, die heftig hereinreden – aber im Grunde nicht besonders viel Ahnung vom Projekt haben. Dies trifft insbesondere und paradoxerweise gerade auf jene Leute zu, die das Projekt in Auftrag geben: interne Auftraggeber und externe Kunden.

Man könnte meinen, dass es sachlich nicht viel Unterschied macht, ob der Auftraggeber oder der Kunde nicht weiß, was er will – doch für einen Projektmanager gibt es einen Riesenunterschied: Ein Auftraggeber ist etwas anderes als ein Kunde. Kein Projektmanager redet zu einem Kunden wie zu einem Auftraggeber; und umgekehrt. Außerdem stellt sich das Problem in der Projektrealität auch anders. Während Auftraggeber tendenziell unklare Aufträge Marke «Machen Sie mal!» (Ja was denn ???) geben, zeigen (bestimmte) Kunden, dass sie nicht wissen, was sie wollen

- indem sie alle naselang Änderungen wünschen, die sich oft gegenseitig widersprechen. Eine Projektmanagerin beschreibt das sehr treffend: «Hü oder hott? Einmal will ers so, dann wieder so! Ja was denn nun?»
- indem sie, sobald sie ein Teilergebnis präsentiert bekommen, das sie ausdrücklich so wünschten, ausrufen: «Aber so habe ich mir das nicht vorgestellt!»
- indem sie nicht planen können, sich selbstherrlich nicht an die gemeinsam vereinbarte Planung halten oder die Planung ständig auf den Kopf stellen.

Die Problemfolgen dieses Zickzackkurses sind enorm. Erstens kann ein Projektmanager dabei unmöglich seine Qualitäts-, Kosten- und Terminziele erreichen. Zweitens ist darüber der Kunde empört, obwohl er das selbst verschuldet hat, die Schuld jedoch uneinsichtig auf das Projektteam schiebt (wer nicht weiß, was er will, weiß auch meist nicht, wer den Projektmisserfolg verschuldet hat). Drittens wählen Projektmanager oft sogar die falschen Teammitglieder aus, weil sich erst mitten im Projekt (wenn überhaupt) herausstellt, was der Kunde tatsächlich möchte. Viertens ist so ein Kunde ein Sargnagel für den Projektmanager: Dieses ewige Hin und Her bringt selbst erfahrene Projektmanager an den Rande des Nervenzusammenbruchs. Ganz davon abgesehen, dass man gegenüber dem eigenen Chef meist schlecht aussieht – weil dieser natürlich nicht immer glaubt, dass an der ganzen Projekt-Hängepartie nur der Kunde schuld ist, der nicht weiß, was er will!

Das Hin und Her des Kunden verursacht ständig «Auffahrunfälle» im Projekt. Denn kaum läufts mal gut im Projekt, lässt der Kunde das Team auflaufen: «So habe ich mir das aber nicht vorgestellt!» Er lässt das Projekt vor die Hausmauer laufen, wo jemand dann die Scherben auflesen und (in

Teilen) neu beginnen muss – bis zum nächsten provozierten Unfall. Diese Situation erfordert dringend erste Hilfe. Leider wird sie meist nicht gegeben.

Holzweg 1: Hüpfen wie ein Hase

Die bequemste Lösung bei diesem Problem ist wie bei vielen Problemen: einfach mitmachen. Leider gilt auch hier wie bei den meisten Problemen: Die bequemste Lösung ist nie die richtige Lösung. Wer sich nicht wehrt, mit dem kann mans machen – und seien Sie versichert, man wird es auch mit Ihnen machen. Denn so eine Gelegenheit lässt sich kein Kunde entgehen. Wenn Sie jeden Zickzacksprung des Kunden mitmachen, dann wird er munter weiter im Zickzack springen.

Viele Projektmanager glauben, dass der Kunde nach der nächsten Kehrtwendung nun endlich weiß, wohin er will – das ist ein Irrtum! Wer beim fünften Mal nicht weiß, wohin er will, weiß es auch nicht beim sechsten Mal!

Außerdem geben Sie das falsche Signal, wenn Sie gute Miene zum bösen Spiel machen: Sie signalisieren dem Kunden damit ungewollt, dass es in Ordnung ist, wenn er sichs alle naselang anders überlegt.

Warum hüpfen Projektmanager wie die Hasen?

Etwas seltsam ist es schon, wenn ausgewachsene Männer und Frauen wie die Hasen durch die Projektlandschaft hüpfen. Dieses sprunghafte Verhalten kommt auch bei Projekt-Coachings immer wieder zur Sprache, wenn Projektmanagerinnen und Projektmanager sich an den Kopf fassen und erstaunt meinen: «Jetzt ist es mir schon wieder passiert! Jetzt bin ich schon wieder umgefallen! Schon wieder machen wir eine Kehrtwendung des Kunden mit, die total unüberlegt ist!»

Gute Projektmanager machen sich deshalb oft schwere Vorwürfe: «Ich passe nicht gut genug auf! Ich bin einfach zu gutherzig! Ich lasse mich über den Tisch ziehen!» Das stimmt nicht. Vergessen Sie solche Selbstvorwürfe. Es ist wie bei der Erziehung: Wir wissen ganz genau, dass wir unsere Kinder nicht anschreien sollen – aber manchmal geht einem eben der Gaul durch! Das ist menschlich. Man gerät eben hin und wieder in Versuchung.

Sie widerstehen dieser Versuchung beim nächsten Mal – und das nächste Mal kommt bestimmt! – umso besser, je besser Sie die Gründe dafür kennen, weshalb Sie schwach werden. Dann können Sie diese Gründe nämlich abstellen.

Einer dieser Gründe ist, dass viele Projektmanager instinktiv glauben, es sich einfach «schuldig zu sein». Ein guter Projektmanager glaubt oft, dass «wir das schon hinkriegen» und dass eine Ablehnung einem Eingeständnis eigener Unfähigkeit oder Kundenunfreundlichkeit gleichkommt. Man fühlt sich eben automatisch herausgefordert und möchte ganz unbewusst diese Herausforderung auch bestehen.

Widerstehen Sie der Versuchung, auf eine Zickzackherausforderung spontan zu reagieren. Sie tun sich und Ihrem Team damit keinen Gefallen, denn der nächste Zickzacksprung kommt bestimmt! Sie dürfen sich ruhig herausgefordert fühlen. Aber sehen Sie die Herausforderung nicht darin, jeden noch so unsinnigen Zickzacksprung mitzumachen, sondern endlich einen klaren Auftrag zu bekommen.

Bevor wir uns um diesen klaren Auftrag bemühen, betrachten wir noch einen zweiten Holzweg.

Holzweg 2: Gedankenlesen

Besonders die erfahrenen unter den Projektmanagern sehen schnell ein, dass es ein Holzweg ist, jeden Zickzacksprung des Kunden mitzumachen. Irgendwann beschließen sie, bei dem dummen Spiel nicht mehr mitzumachen. Meist sind diese Projektmanager auch sehr erfahrene Fachexperten. Sie und ihr Team kommen oft schon nach den ersten beiden Zickzacksprüngen eines Kunden zum Schluss: «Der Kunde weiß offensichtlich nicht, was er will. Er ist eben ein fachlicher Laie. Dabei ist die Sache doch ganz klar: Er braucht … und … Also geben wirs ihm einfach!»

Diese Schlussfolgerung liegt nahe, weil der Kunde ja wirklich meist ein fachlicher Laie ist und wir, das Projektteam, die Fachleute sind – sonst hätte er uns ja nicht beauftragt! Daher können wir uns schon denken, was er eigentlich braucht. Also geben wir es ihm doch!

Zu dieser Schlussfolgerung kommen viele Projektteams – und erleben eine bittere Enttäuschung! Denn anstatt dass sich der Kunde darüber freut, dass ihm jemand gibt, was er im Grunde braucht, sagt er selbst dazu: «Aber so habe ich mir das nicht vorgestellt!» Sie halten das für undankbar? Das ist es. Es aber auch völlig logisch! Denn als Laie kann der Kunde sich eben nicht die «richtige» Lösung vorstellen – also sagt er auch zur richtigen Lösung, wenn Sie sie ihm präsentieren: «So habe ich mir das nicht vorgestellt»!

Es ist immer ein Fehler, dem Kunden das zu geben, was er Ihrer Meinung nach braucht. Denn das entspricht nicht seiner Meinung.

Der Unterschied zwischen Bedarf und Bedürfnis

Sie sollen dem Kunden nicht geben, was er braucht, sondern was er möchte. Und da er offensichtlich nicht weiß, was er möchte, sollen Sie ihm nicht geben, was er braucht, sondern herausfinden, was er möchte.

Für Projektmanager, die in Kundenorientierung, Marketing oder der Nutzentheorie bewandert sind: Das ist der Unterschied zwischen Bedarf und Bedürfnis. Vielleicht hat jemand einen objektiv feststellbaren Bedarf an X. Wenn er sich jedoch Y wünscht, sein subjektives Bedürfnis also Y ist, dann machen Sie ihn mit einer Bedarfsdeckung unglücklich. Es ist immer besser, Bedürfnisse zu befriedigen als Bedarfe zu decken – weil sie für die Bedürfnisbefriedigung einen Auftrag haben, nicht für die Bedarfsdeckung.

Erste Hilfe: Auftragsklärung

Inzwischen sind Sie in erster Hilfe im Projekt recht gut bewandert. Sie ahnen natürlich schon seit Beschreibung des ersten Holzweges, dass die einzige echte Hilfe bei Zickzackkunden die Auftragsklärung ist. Also machen Sie eine. Dass ein Kunde später im Projekt Zickzackhaken schlagen wird, kündigt sich meist schon lange vor dem ersten Zick an: Der Kunde weiß von Anfang an nicht genau, was er möchte. Also klären Sies. Natürlich möchten Sie den Kunden weder bedrängen noch mit Ihren Fragen quälen, noch gar das Projekt gefährden. Sie denken vielleicht deshalb: «Das klären wir schon noch!» Das ist ein Irrtum, genauer: eine Disziplinlosigkeit. Denn im Grunde wissen Sie genau, dass es ein Irrtum ist.

Zeigen Sie Disziplin. Ringen Sie sich und dem Kunden die Auftragsklärung ab. Denn was Sie zu Beginn eines Projektes versäumen, werden Sie auch während des Projektes nicht mehr aufholen können.

Auftragsklärung bei Zickzackkunden
* Bestehen Sie auf Klarheit (eigentlich ein trivialer Wunsch).
* Bringen Sie die nötige Disziplin für eine Auftragsklärung auf.
* Erfragen Sie sämtliche Daten, die Sie für eine gute Projektarbeit benötigen: Umfang, Abgrenzung, Anwendungszweck, Ziele.
* Klären Sie jede Unklarheit.
* Kann der Kunde im ersten Gespräch keine Klarheit geben, laden Sie ihn zu einem zweiten Gespräch ein. Geben Sie ihm für die Zwischenzeit eine Liste von Fragen mit, die er mit den Fachleuten in seinem Unternehmen abklären kann.
* Denken Sie an das Gebot der Schriftform: Ist die Liste nicht schriftlich, wird der Kunde nur wenige Fragen klären (weil er die meisten vergisst – wer nicht weiß, wohin er will, zeigt oft eine Tendenz zur Vergesslichkeit).
* Vertrauen Sie nicht darauf, dass der Kunde die Fragen notiert, die zu klären sind. Meist tut er es nicht, unvollständig oder unkorrekt. Notieren Sie die Fragen und geben Sie ihm eine Kopie Ihrer Liste.

- Schafft der Kunde es nicht, die Liste zu klären (in hartnäckigen Fällen ist das durchaus möglich), oder haben Sie den Verdacht, dass einige Antworten nicht ganz der Wahrheit entsprechen, dann bitten Sie um die Erlaubnis, Experten in seinem Haus selbst befragen zu dürfen. Meist erlaubt das der Kunde gerne. Zögert er, bieten Sie ihm an, dass ein Fachmann seines Vertrauens aus seinen eigenen Reihen dabei sein kann.
- Legen Sie auf keinen Fall schon mit dem Projekt los, bevor nicht alles abgeklärt ist.
- Stellen Sie lieber alle konkreten Arbeitspakete zurück und verwenden Sie die ersten Wochen des Projektes lieber vollständig auf die Auftragsklärung. Das hält zwar am Anfang wenige Wochen auf, erspart Ihnen aber am Projektende viele Wochen und Ihnen außerdem einen Projektflop. Bei kleinen Projekten können Sie ein bis zwei Wochen, bei größeren auch schon mal vier bis sechs Wochen einrechnen.
- Wenn Sie nach dieser Auftragsklärung endlich klare Projektziele haben, lassen Sie diese vom Kunden gegenzeichnen – damit er sich an sie erinnert.

20. «Das Topmanagement macht mit uns, was es will!»

☎ **Das Problem:**

Das Topmanagement kürzt Ihr Budget, zieht Teammitglieder ab, verschärft Anforderungen und vorverlegt Termine.

✚ **Die erste Hilfe:**

1. Bleiben Sie nicht in der Jammerphase stecken.
2. Versuchen Sie nicht, es irgendwie trotz allem zu schaffen.
3. Holen Sie sich die nötigen Informationen, um den «Überfall von oben» zu verstehen.
4. Planen Sie Ihr Projekt neu.
5. Verhandeln Sie nach.

Das Problem: Selbstherrliches Topmanagement

Damit keine Missverständnisse entstehen: Es gibt Unternehmen, in denen das Topmanagement seinen Projektmanagern in vorbildlicher Weise den Rücken stärkt. Es gibt Steuerungsgremien, die ihren Namen verdienen und tatsächlich steuern. Daneben gibt es jedoch auch solche, über die sich ein gewissenhafter Projektmanager nur wundern kann. Einige repräsentative Äußerungen unserer Seminarteilnehmer und Beratungskunden:

«Wir haben nur noch Stress im Projekt. Die Geschäftsführung ändert wöchentlich die Prioritäten der Projekte!»

«Am Montag komme ich nichts ahnend zur Arbeit und erfahre, dass mein Projektbudget auf die Hälfte zusammengestrichen wurde! Das ist ein Witz! Damit ist das Projekt gestorben!»

«Ich mache mir schon gar nicht mehr die Mühe, mir die Vornamen unserer Teammitglieder zu merken – so schnell wie diese ausgewechselt werden.»

«Vor einem Monat sollten wir noch das Lager reorganisieren. Jetzt ist es bereits die komplette Logistik – und morgen müssen wir womöglich den gesamten Vertrieb neu strukturieren! Und das alles ohne personelle oder finanzielle Aufstockung!»

«Am Anfang hieß es, wir hätten zwei Jahre für die Neuentwicklung Zeit. Nach zwei Monaten waren es noch 15 Monate. Inzwischen munkelt man, dass wir nach bereits einem Jahr in den Markt müssen. Mir ist das inzwischen egal. Etwas Ausgereiftes kommt dabei sowieso nicht mehr heraus. Sollen die da oben doch machen, was sie wollen.»

Deprimierend? In der Tat. Oft fragen uns Projektmanager, was das Topmanagement wohl denken und sagen würde, wenn es erfahren würde, wie mies die Stimmung in vielen Projekten ist. Wissen «die da oben» nicht, welche Probleme sie durch ihren Eiertanz provozieren? Wissen sie es und ignorieren es einfach? Oder freuen sich sogar klammheimlich darüber, wie sie den Projekten «Druck machen»? Wir wissen es nicht, und es ist im Grunde auch egal. Denn das eigentliche Problem bleibt davon unberührt: Was tun Sie, wenn das Topmanagement mit Ihnen «macht, was es will»?

Der Holzweg: Durchbeißen

Was macht ein Projektmanager, wenn das Topmanagement mit ihm macht, was es will? Er

- regt sich zunächst furchtbar auf,
- tobt sich zusammen mit seinem Projektteam aus: «So eine Sauerei!»,
- beißt die Zähne zusammen: «Irgendwie müssen wir das eben auch noch schaffen!

Diesen häufigsten aller Holzwege im Projektmanagement kennen Sie inzwischen. Ich erwähne ihn nur deshalb in jedem Kapitel erneut, weil es nicht zu fassen ist, wie viele Tausende Male wir darüber schon in Coachings, Beratungen und Trainings gesprochen haben – und uns danach Projektmanager trotzdem immer wieder beschämt verraten, dass sie schon wieder auf den Holzweg geraten sind!

Warum tun Projektmanager das? Sind sie von Natur aus Masochisten? Nein. Sie sind lediglich aus der Linienarbeit gewohnt, dass gemacht wird, was von oben gesagt wird. In der Linie funktioniert das prima: Wenn der Chef etwas Kluges anweist, kommt etwas Kluges raus, und der Chef hat etwas davon. Wenn der Chef etwas weniger Kluges anweist, kommt etwas weniger Kluges dabei heraus – und der Chef sieht ebenfalls, was er davon hat. Im Projekt funktioniert diese Rückkopplung nicht.

Im Projekt herrscht verkehrte Welt: Wenn der Chef etwas Unkluges anweist, hat nicht der Chef, sondern der Projektmanager den Schaden und wird dafür verantwortlich gemacht.

Sie sollten sich täglich ein Dutzend Mal sagen: «Ich bin jetzt im Projekt – da herrschen andere Gesetze! Da tut man nicht einfach, was angeordnet wird! Da verhandelt man nach!» Wie das geht, sehen wir weiter unten.

Warum sie immer wieder auf den Holzweg treten

Warum treten Projektmanager immer wieder auf den Holzweg? Weil die meisten Projektmanager spontan, reflexiv, automatisch und ganz unbewusst davon ausgehen, dass «wir das eben auch so schaffen müssen. Irgendwie muss es doch zu schaffen sein!»

Nein. Das müssen Sie in jedem Fall erst einmal gewissenhaft nachprüfen! Dann und wirklich erst dann können Sie fundiert, aufgrund Ihrer Nachkalkulation und Neuplanung sagen, ob es zu schaffen ist oder nicht.

Gehen Sie niemals davon aus, dass ein Projekt auch nach einer von oben verordneten Kursänderung noch zu realisieren ist: Prüfen Sie das erst gründlich nach!

Das dauert nicht lange, je nach Projektgröße einen halben oder einen Tag, bei Großprojekten auch mal zwei oder drei Tage. Doch diese Zeit sollten Sie unbedingt dransetzen, denn sie ist gut investiert. Wenn Sie sie investieren, haben Sie kurze Zeit Kopfweh vom Nachkalkulieren. Wenn Sie sie nicht investieren, haben Sie danach für die restlichen Wochen oder gar Monate Kopfweh, weil Sie sich und Ihrem Projekt etwas widerspruchslos aufgehalst haben, was einfach nicht oder nur unter unbilligen Härten zu schaffen ist.

Erste Hilfe: Nachfragen mit Vitamin B

Das Frustrierendste an «Überfällen von oben» ist, neben dem Schaden fürs Projekt, dass man sie nicht versteht: «Das macht doch keinen Sinn! Wozu hat man das Projekt überhaupt angefangen, wenn es jetzt so unwichtig ist, dass man mir die besten Leute abzieht!» – «Wissen die da oben denn nicht, dass man nicht dieselbe Qualität in der Hälfte der Zeit erwarten kann? Wie soll das denn gehen?» – «Heute so, morgen so – die da oben wissen nicht, was sie wollen.»

First things first. Unverständnis ist die erste Unfallfolge. Versorgen Sie diese erste Folge zuerst.

Dass man das Ganze einfach nicht versteht, belastet direkt nach dem Unfall noch am meisten. Deshalb entsteht oft der Eindruck, dass «die da oben spinnen», «nicht wissen, was sie wollen» oder «total willkürlich sind». Verschärfend kommt hinzu, dass dieses schädliche Unverständnis von oben fahrlässig verursacht wird. Meist wird einem eben nur mitgeteilt, dass Leute abgezogen oder Termine vorverlegt werden. Warum, weshalb und wozu wird nicht oder nicht nachvollziehbar gesagt. Warum nicht? Weil Manager nicht kommunizieren können? Das kommt wirklich selten vor. Viel häufiger ist, dass Manager glauben, das sei «doch eh klar, warum das jetzt nötig ist.»

Fragen Sie auf jeden Fall immer nach, warum und wozu das nötig war, was Ihr Projekt eben aus der Bahn warf.

Wenn Sie es nicht von dem Manager erfahren, der verantwortlich ist für die Projektstörung, dann lassen Sie Ihre Beziehungen spielen und bekommen es auf andere Weise heraus. Sie werden feststellen: Sobald Sie den Grund für den Projektunfall kennen, ist alles nur noch halb so schlimm.

Denn meist haben die Eingriffe in Ihr Projekt gute Gründe, die Sie ohne weiteres auch nachvollziehen und unterstützen können – sobald Sie sie endlich herausfinden konnten. Die meisten Managern managen nicht willkürlich – obwohl das oft so scheint – sie informieren lediglich schlampig. In seltenen Fällen haben Ihre Nachforschungen ein negatives Ergebnis: Die da oben wissen tatsächlich nicht, was sie tun. In diesem Fall müssen Sie eine andere Erste-Hilfe-Maßnahme anwenden.

Erste Hilfe bei Zickzackmanagern

Es kommt immer mal wieder vor, dass das Topmanagement Leute aus Projekten abziehen oder Budgets kürzen muss. Manager sind auch nur Menschen, denen Sie einen Sinneswandel wie jedem anderen Menschen auch nachsehen sollten. Doch häufen sich diese Sinneswandel, fährt das Unternehmen erkennbar und langfristig in einer überwiegenden Zahl der Projekte Zickzack, sollten Sie wie bei jedem anderen Menschen auch mittelfristig über eine Auflösung der Beziehung nachdenken.

Fährt Ihr Unternehmen bei der Projektsteuerung Zickzack, wechseln Sie den Arbeitgeber, sobald Sie einen neuen gefunden haben.

Diesen Tipp habe nicht ich mir ausgedacht – so machen das vielmehr alle erfahrenen Projektmanager, weil Zickzack a) keine Zukunft hat und b) man so langfristig weder arbeiten kann noch möchte.

Wenn Sie also tatsächlich merken sollten, dass «die da oben» wirklich nicht wissen, was sie tun (weil zum Beispiel langfristige Ziele oder eine

Unternehmensstrategie fehlen) – was fangen Sie dann mit den angefangenen Projekten an? Projekte, von denen Sie nun mit Gewissheit wissen, dass sie mit unschöner Regelmäßigkeit von oben herab heftig «verunfallt» werden?

Bringen Sie angefangene Projekte mit Anstand zu Ende – aber hängen Sie nicht Ihr Herz daran.

Kurz gesagt: Machen Sie Dienst nach Vorschrift. Sie werden überrascht sein: Mehr erwarten Zickzackmanager auch nicht. Sie sind derart in ihrem eigenen Chaos verloren, dass sie schon zufrieden sind, wenn die Projekte, die sie periodisch durcheinander bringen, wenigstens halbwegs ordentlich ins Ziel kommen. Fassen Sie diese halbwege Ordentlichkeit als Ihr Ziel ins Auge. Denken Sie daran: Sie bestreiten hier nur noch ein Rückzugsgefecht – dafür setzt kein vernünftiger Feldherr seine komplette Armee ein. Das erledigt die Nachhut.

Eines sollten Sie jedoch in jedem Fall tun: Planrevision.

Erste Hilfe: Planrevision und Verhandlung

Egal, ob Sie den Eingriff von oben in Ihr Projekt aus guten Gründen nachvollziehen können oder Ihr Topmanagement lediglich Zickzack fährt:

Versuchen Sie niemals, unter den neuen Gegebenheiten den alten Projektplan beizubehalten.

Damit gefährden Sie Ihre Gesundheit, Ihren Projekterfolg, den Respekt Ihres Teams, Ihre private Beziehung, den Familienfrieden und Ihr persönliches Wohlergehen. Zum Beispiel bei einer 30-prozentigen Budgetkürzung noch dieselben Projektziele erreichen zu wollen, ist ganz einfach, entschuldigen Sie den Ausdruck, bescheuert. So etwas tut man nicht – selbst wenn Sie den Eindruck haben, dass es von Ihnen erwartet wird. Sie springen ja auch nicht von der nächsten Brücke, auch wenn Sie den Eindruck hätten, dass das von Ihnen erwartet wird.

Revidieren Sie Ihren Projektplan.

Tun Sie das niemals im stillen Kämmerlein, sondern immer im Team. Denn Sie brauchen die Rückendeckung des Teams, wenn Sie den revidierten Plan Ihrem Auftraggeber vorlegen. Machen Sie dem Auftraggeber keine Vorwürfe à la: «Sie können doch nicht erwarten, dass wir dieselben Ziele mit einer halbierten Mannschaft erreichen!» Damit provozieren Sie nur eine verbale Ohrfeige. Halten Sie sich an das, was Sie in diesem Buch schon oft gelesen haben:

Vorwürfe überzeugen nicht. Am überzeugendsten ist immer noch das bloße Aufzeigen der Konsequenzen.

Reden Sie ganz sachlich und in einfacher Sprache mit Ihrem Auftraggeber: «Wenn wir auf ein Drittel des Budgets verzichten müssen, müssen wir diese acht Teilleistungen streichen, sehen Sie?» Verhandeln Sie dann Ihren Projektauftrag neu, indem Sie über die jeweils nicht betroffenen Projektstellgrößen neu verhandeln. Die vier Stellgrößen sind Q für Projektergebnisqualität, T für Termine, die Zeit, K für Kosten oder Budget und P fürs Personal im Team. Leisten Sie also erste Hilfe, indem Sie über

- Q: neue, reduzierte Projektleistungen verhandeln und/oder
- T: eine Terminverlängerung diskutieren und/oder
- K: eine Budgeterhöhung reden und/oder
- P: mehr oder andere Teammitglieder sprechen oder
- über eine Einstellung des Projektes reden. Denn wenn Ihr Projekt entscheidend in K oder P gekürzt wurde, ist es offensichtlich nicht mehr in einer oberen Prioritätenklasse. Also warum nicht gleich das Projekt einstellen?

21. «Bei uns werden ständig die Pferde gewechselt!»

☎ Das Problem:
Aus Ihrem Projekt werden Teammitglieder abgezogen, was Ihr Projekt zurückwirft – doch Ihr Endtermin bleibt derselbe!

+ Die Schluckimpfung:
Sobald Sie hören, dass abgezogen werden soll, klären Sie den zuständigen Manager über die negativen Folgen auf. Das verhindert oft vorbeugend den Abzug.

+ Die erste Hilfe:
Wird trotzdem abgezogen, verhandeln Sie über Zielabstriche und/oder eine Terminverlängerung und/oder einen Budgetausgleich (für den Zukauf externer Zusatzleistungen).

Das Problem: Teammitglieder werden abgezogen

Wenn Projektmanager klagen, dass sie von allen Seiten behindert werden, dann meinen sie auch das: Aus dem Projekt werden (meist die besten) Teammitglieder abgezogen. Das ist erstens ärgerlich, weil Projektmanager häufig daraus ablesen, dass «denen da oben unser Projekt im Grunde schnurz ist!»

Zweitens ist es schädlich fürs Projekt, weil jedes neue Mitglied, das ein altes, abgezogenes ersetzt, nicht über Nacht von null auf hundert Prozent Leistung kommt. Es kennt das Projekt überhaupt nicht, geschweige denn die Arbeitspakete, die es geerbt hat. Also muss er oder sie sich erst einarbeiten. Je nach Projektgröße dauert es drei bis fünf Wochen, bis ein neues Teammitglied in Informationsstand und Leistungsfähigkeit an jenes Mitglied heranreicht, das es ersetzt – sofern man von einer vergleichbaren Kompetenz ausgeht. Drei bis fünf Wochen, die dem Projekt verloren gehen. Oder wie eine Projektleiterin es ausdrückt: «Es ist nicht unsere Aufgabe, neue Teammitglieder einzulernen. Es ist unsere Aufgabe, am Projekt zu arbeiten.» Daraus folgt nach den Grundsätzen elementarer Algebra:

Je öfter Mitglieder in Ihrem Team ersetzt werden, desto stärker verspätet sich Ihr Projekt.

Das ist nicht das Problem. Das Problem ist: Obwohl der Auftraggeber (oder ein Linienmanager) Personal aus Ihrem Team abzieht und damit die drei bis fünf Wochen Verspätung verursacht, besteht derselbe Auftraggeber darauf, dass Sie den Endtermin halten. Sie haben ja Recht: Das ist verrückt, das ist unfair, das geht doch gar nicht! Doch das ist Ihre Sicht. Der Auftraggeber sieht das anders: «Das müsst ihr eben aufholen!»

Deshalb resignieren viele Projektmanager: «Hat doch eh keinen Wert! Dann müssen wir das eben aufholen!» Das ist ein Holzweg. Drei bis fünf Wochen holt man nicht einfach so auf. Dabei machen Sie sich kaputt und tun dem Projekt keinen Gefallen. Das haut nicht hin. Das ist auch fürs Unternehmen nicht die beste Lösung. Die beste Lösung ist rasche erste Hilfe oder noch besser: die Schluckimpfung.

Die Schluckimpfung: Vorwarnen!

Wenn Teammitglieder abgezogen werden sollen, zeichnet sich das meist schon einige Tage oder Wochen vorher ab. Der Chef oder Auftraggeber macht Andeutungen. Vermeiden Sie in dieser frühen Phase den Holzweg: «Da kann ich doch eh nichts gegen machen!» Denn Sie können etwas dagegen tun. Sie können den Chef gegen die unerwünschten Folgen seines Vorhabens «impfen»:

Zeigen Sie rechtzeitig die Konsequenzen auf, die ein Abziehen von Teammitgliedern verursachen wird.

Meist übersehen Topmanager tatsächlich die Einlernzeit eines neuen Teammitglieds und deren Konsequenzen auf den Endtermin. Machen Sie sie darauf aufmerksam. Dann überlegen viele Manager sich den Abzug von Teammitgliedern noch einmal.

Manchmal gewinnen Sie schon etwas, wenn Sie bitten: «Lassen Sie uns den Mann doch noch drei Wochen – danach ist er ohnehin so weit mit seinem Arbeitspaket, dass das auch gut ein anderer übernehmen kann!»

Topmanager sind oft nicht so tief in Ihrem Projekt drin, dass sie selbst auf diese Idee kommen könnten. Also helfen Sie nach.

Erste Hilfe: Einarbeitungszeit kompensieren

Manchmal wirkt die Schluckimpfung nicht: Der Topmanager zieht trotz aufgezeigter Konsequenzen Leute aus Ihrem Team ab. Das ist ärgerlich. Reagieren Sie Ihren Ärger zusammen mit Ihrem Team ab, und leisten Sie Ihrem Projekt danach erste Hilfe. Wie? Auch das wissen oder ahnen Sie inzwischen:

Verhandeln Sie neu über Ihren Projektauftrag.

Aber: Fallen Sie nicht mit der Tür ins Haus. Versichern Sie den Auftraggeber zuerst immer glaubhaft Ihrer Motivation: «Natürlich geben wir auch weiterhin unser Bestes und versuchen, den Zeitverlust durch die Einarbeitung des/der Neuen zu kompensieren. Ich denke jedoch, wir sollten dabei realistisch bleiben: Ein eingearbeitetes Teammitglied ersetzt man nicht ganz ohne Zeitverlust. Und diesen Zeitverlust werden wir auch nicht vollständig aufholen können.» Nach dieser Einleitung verhandeln Sie über eine Kompensation der Zeitverzögerung in Form von

- Q (Qualität, Projektleistungen): reduzierte Ziele und/oder
- T (Termine): vielleicht keine drei bis fünf Wochen mehr Zeit, aber wenigstens zwei Wochen Verschiebung des Endtermins und/oder
- K (Kosten, Budget): extern eingekaufte Leistungen, um die ausgefallene Leistung des abgezogenen Teammitglieds zu ersetzen.

Therapeutische Wirkung der ersten Hilfe

Je öfter Sie die Konsequenzen eines Abzugs von Teammitgliedern aufzeigen, desto seltener wird abgezogen werden.

Das ist eine alte Erkenntnis der Personalentwicklung: Was angesprochen wird, wird verstärkt. Oder auf Deutsch: Der Manager lernt dazu. Er überlegt es sich jetzt zweimal, ob er Leute aus Ihrem Team abzieht. Er zieht lieber aus Teams ab, deren Projektmanager ihn klaglos gewähren lassen. Dazu gehören Sie nun nicht mehr.

22. «Wir haben ein Himmelfahrtsprojekt!»

☎ **Das Problem:**

Jeder – bis auf den Auftraggeber – sieht, dass Sie ein Todesmarschprojekt bekommen: Ein Projekt, das unmöglich zu schaffen ist. Gleichzeitig wissen Sie: Sollten Sie es nicht schaffen, rollt Ihr Kopf.

✚ **Die erste Hilfe:**

Geben Sie so schnell wie möglich fundierte Rückmeldung und empfehlen Sie die Einstellung des Projektes.

☑ **Anmerkung:**

Ein Himmelfahrtsprojekt ist die verschärfte Version eines Projektes mit unerreichbar gewordenen Zielen (s. Kapitel 14).

Das Problem: Harakiri-Projekte

In Kapitel 14 haben wir den Projektunfall betrachtet, der ein Projekt mittendrin wegen akuter Hoffnungslosigkeit zum Stillstand bringt: Sicher geglaubte Ziele entschwinden auf Nimmerwiedersehen. Dasselbe gibt es jedoch auch in der verschärften Version: Da kocht jemand ein Projekt aus, von dem selbst der grünste Azubi ganz genau weiß, dass es völlig unmöglich ist – und dafür wird nun ein Projektmanager gesucht, der das Unmögliche möglich machen soll. Gott stehe Ihnen bei, wenn es Sie erwischt.

Die Projektpraxis hat für so einen Fall deutliche Worte gefunden: Himmelfahrtsprojekt, Death March Project, Todesmarschprojekt, Marsch in die

Wüste, Harakiri-Projekt – wie heißt so ein Himmelfahrtskommando bei Ihnen?

Jeder – bis auf den Auftraggeber und einige Topmanager – sieht zwar von vornehere in, dass das Projekt selbst unter günstigsten Annahmen vollkommen unmöglich ist. Doch scheitert das Projekt dann planmäßig, sagt man nicht: «Okay, wir wussten, dass es unmöglich ist.» Nein, man köpft den Projektmanager. Ungerechte Welt.

Erste Hilfe: ASAP rückmelden

Sollte es zu einem Harakiri-Unfall kommen, liegt die erste Hilfe auf der Hand: sofort rückmelden. Oder wie es in Amerika heißt: ASAP – as soon as possible. Nein, natürlich nicht so: «Herr Direktor Meier, dieses Projekt ist unmöglich!» Obwohl diesen Holzweg viele unerfahrene Projektmanager beschreiten, sind Sie in der Zwischenzeit schlauer, denn auf unbewiesene Behauptungen reagieren Manager negativ.

Sie vermuten, dass Sie ihr schönes Projekt kalt abservieren möchten. Und das wäre Majestätsbeleidigung! Zerstreuen Sie diesen Verdacht, indem Sie Ihre Harakiri-Vermutung mit Fakten belegen:

Legen Sie ASAP sämtliche Daten in übersichtlicher Form auf den Tisch und zeigen Sie daran, was unter diesen Vorgaben für Ergebnisse zu erwarten sind.

Damit sind nicht Sie es, der das Projekt kippt. Sie geben vielmehr dem Entscheider die Chance, angesichts der zu erwartenden mageren Ergebnisse, von sich aus zu sagen: «Wenn so wenig dabei herauskommt, dann lassen wirs doch lieber.» Sie können für einen detaillierten Beleg der Unmöglichkeit des Projektes auch eine Feasibility-Studie vorschlagen und dann vorlegen (siehe Kapitel 14, Seite 84). Und noch ein Tipp:

Achten Sie darauf, dass an Ihnen nichts hängen bleibt!

Belegen Sie die Unmöglichkeit des Projektes ausschließlich mit Gründen, mit denen Ihnen nicht am Zeug zu flicken ist. Nicht dass es nachher heißt: «Das wäre schon gegangen – nur hatte Projektmanager Meier die Hosen voll!» Und:

Holen Sie sich zuerst die volle Unterstützung Ihres Teams!

Dieser Schritt ist extrem wichtig. Ohne hundertprozentige Einigkeit im Team sollten Sie niemals auf Einstellung eines Projektes drängen. Denn wenn auch nur ein Teammitglied glaubt, das Projekt sei machbar, kommt das auch heraus – und lässt Sie als inkompetent erscheinen. Das einzig Gute an Himmelfahrtsprojekten ist jedoch, dass diese Einstimmigkeit im Team schnell erreicht wird …

Widerstand gegen erste Hilfe

Es klingt verrückt, doch viele unerfahrene Projektmanager lehnen die eben skizzierte erste Hilfe ab. Sie laufen lieber ins Messer als ASAP-Rückmeldung (s. o.) zu geben. Sind sie Masochisten? Nein, sie leiden wie jeder andere auch, wenn sie ins Messer laufen. Sie haben lediglich ein Problem: Sie trauen sich einfach nicht, sich selbst, ihrem Team und dem Auftraggeber gegenüber einzugestehen, dass das unmögliche Projekt unmöglich ist.

Sie sehen dieses Eingeständnis als persönliche Schuld und eiern endlos herum, um die Kuh doch noch irgendwie zum Fliegen zu bringen. Ein utopischer Traum. Kühe fliegen nun mal nicht.

Tun Sie sich, Ihrem Team und letztendlich dem Unternehmen einen Gefallen: Erlösen Sie sich und andere von dem Leiden. Bringen Sie den Mut auf, der unbequemen Wahrheit ins Gesicht zu sehen. Dieser Mut zeichnet erfahrene Projektmanager aus. Oder wie einer dieser Kollegen sagte: «Ich möchte keine Beliebtheitswettbewerbe gewinnen – ich sage, was Sache ist.»

Zeigen Sie Mut zur Wahrheit.

Erste Hilfe im Extremfall

Es passiert seltener, als Sie befürchten, doch manchmal lässt sich ein Top-management weder durch ASAP-Rückmeldung noch durch eine Feasibility-Studie, die vor jedem Gericht standhalten würde, davon überzeugen, dass Kühe nicht fliegen können. Nach dem Motto: «Wir wissen, dass das unmöglich ist – wir wollen es trotzdem!»

Viele Manager glauben, dass solche Todesurteile den Ehrgeiz von Projektteams wecken, sie motivieren und anstacheln. Das ist ein verbreiteter Managementmythos. Leider ist es eben nur ein Mythos. Todesurteile motivieren niemanden, außer den Scharfrichter. Doch wer nur mit Druck führen kann, dem fällt die Auswahl einer Alternative schwer. Was tun Sie in so einem Fall?

Lassen Sie das Projekt einfach anlaufen. Seien Sie jedoch so ehrlich, Ihrem Team zu sagen: «Wir haben versucht, die da oben zur Vernunft zu bringen. Es hat nicht geklappt. Jetzt lasst uns die Sache mit Anstand zu Ende bringen. Damit wir uns wenigstens danach noch in die Augen sehen können.» Wie bringt man ein Himmelfahrtsprojekt mit Anstand zu Ende?

Anstandslösung: die Schmalspurlösung

Suchen und verfolgen Sie diese zusammen mit Ihrem Team. Verfolgen Sie nicht die utopische Maximallösung, suchen Sie das Optimum unter den gegebenen Umständen. Eine Lösung, die wenigstens funktioniert. Irgendetwas Vorzeigbares. Klingt einleuchtend? Beim Lesen sicher. Doch in der Praxis sind viele Teams so frustriert, dass sie sich einfach schmollend in die Ecke verziehen und das Projekt voll gegen die Wand fahren, nach dem Motto: «Das habt ihr nun davon!» Das ist eine «Lösung», welche die da oben nicht die Bohne beeindruckt – und voll aufs Team zurückfällt, das danach wegen Arbeitsverweigerung an den Pranger gestellt wird. Also nicht trotzen – Schmalspurlösung suchen.

Viele Teams hoffen auch noch Monate nach Projektstart, dass «die da oben endlich einsehen, dass es unmöglich ist!» Diese Hoffnung bewahrheitet sich nicht. Denn nur die wenigsten Topmanager wissen, wie man ein Projekt einstellt, ohne dabei das Gesicht zu verlieren. Nicht hoffen – Schmalspurlösung suchen.

23. «Bei uns hat der Kunde immer Recht und wir kommen unter die Räder!»

☎ **Das Problem:**

Der Vertrieb oder das Topmanagement verspricht dem Kunden das Blaue vom Himmel – und Sie können die Suppe auslöffeln!

+ Die erste Hilfe:

- Schaffen Sie eine Diskussionsbasis: Q, T, K, P.
- Laden Sie den Verkauf zur Abstimmung ein.
- Ist das nicht möglich, schalten Sie den Auftraggeber ein.
- Bringt das alles nichts, verhandeln Sie nach.
- Kommt auch dabei zu wenig heraus, finden Sie Referenzprojekte im eigenen Unternehmen.

Das Problem: Verrückte Versprechungen

In vielen Unternehmen ist der Kunde König. Ist das nicht gut? Nein, denn das bedeutet, dass Sie und Ihr Team Untertanen sind. Die König-Kunde-Philosophie ist fürs Projektmanagement, was eine defekte Bremse fürs Autofahren ist: eine Unfallgarantie.

In Unternehmen, in denen der Kunde König ist, kommt es zwangsläufig ständig zu denselben Projektunfällen.

Deshalb ist der König-Kunde-Unfall einer der häufigsten Projektunfälle. Der Chef, der Außendienst, der Key Accounter oder sonst irgendwer verspricht einem Kunden das Blaue vom Himmel und erwartet dann allen Ernstes, dass Sie es auch herunterholen. Hier einige Aussagen unserer Seminarteilnehmer: «Unser Vertrieb verkauft Produkte, die wir erst erfinden müssen.» – «Der Geschäftsführer verspricht den Kunden immer 120 Prozent, obwohl er genau weiß, dass wir nur 80 Prozent schaffen.» – «Der Verkauf setzt dem Kunden Flausen in den Kopf, die wir ihm danach mühsam austreiben müssen.» – «Die Verkäufer sind des Kunden Liebling – und wir die Quertreiber, weil wir ihnen sagen müssen, dass die Dinge, die ihnen versprochen wurden, nicht machbar sind.»

In Unternehmen, in denen das so genannte Primat des Vertriebs herrscht, werden Kunden Qualitätsziele, Termine und Kosten versprochen, von denen der Versprechende nicht weiß, ob sie überhaupt machbar sind. Das heißt, es werden Projekte vereinbart ohne jede Projektplanung. Das ist Business? Nein, das ist Schildbürger-Business.

Die Holzwege: Schießen, beschweren, durchbeißen

Was passiert in einem Projekt, das nur deshalb an Land gezogen wurde, weil dem Kunden Märchen erzählt wurden? Projektmanager und Projektteam sind zunächst einmal stinksauer und schießen gegen den Vertrieb: «Seid ihr total übergeschnappt? So was könnt ihr doch nicht bringen!» Diese Wut ist zwar verständlich, bringt aber selten etwas. Der Vertrieb zuckt mit den Schultern und sagt: «Wenn wir es nicht machen, macht es die Konkurrenz!»

Gegen den Vertrieb zu schießen, ist zwar verständlich, bringt jedoch nicht viel.

Daher: Seien Sie ruhig sauer auf den Außendienst – aber lassen Sie es nicht dabei bewenden! Leisten Sie vielmehr erste Hilfe (s. u.). Dasselbe gilt für die Beschwerde an höherer Stelle: Sie ist verständlich, bringt aber selten etwas. Meistens nehmen die Vorgesetzten den Vertrieb nämlich in Schutz: «Der Vertrieb ist für die Auftragsakquise da und ihr für die Auftragsausführung. Also macht eure Arbeit und lasst mir den Verkauf in Ruhe!» Sicher, wer so spricht, hat keine Ahnung von Projektmanagement – doch auch diese Erkenntnis nutzt Ihnen herzlich wenig. Sie müssen nun mal mit den Vorgesetzten auskommen, die Sie haben.

Ein dritter Holzweg ist Ihnen bereits als Standardholzweg der Projektarbeit aus den vorangegangenen Kapiteln bekannt: durchbeißen, das Unmögliche möglich machen. Bei einem Projekt, das mit unrealistischen Zielen vereinbart wurde, ist dies natürlich besonders hart. Sie können dabei schon beim Kick-off-Meeting (siehe Kapitel 31, Seite 184 ff.) auf unbestimmte Zeit Abschied von Ihrer Familie, Ihrem Freundeskreis, Ihrer Freizeit und Ihrer Gesundheit nehmen. Zu diesen persönlichen Opfern kommen noch wirtschaftliche: Projekte mit unrealistischen Zusagen sind Verlustprojekte.

Sie schaffen vielleicht unter größten persönlichen Opfern die Qualitätsziele des Projektes – aber nicht zu den vereinbarten Kosten und selten zum vereinbarten Endtermin. Werden die Kosten überzogen, wird das Projekt unrentabel. Wird der Termin überzogen, geht der Kunde mit dem nächsten Auftrag zur Konkurrenz. Deshalb lohnen sich unrealistische Projekte aus unternehmerischer Sicht langfristig nicht.

Erste Hilfe in fünf Schritten

Sobald Sie absehen können, dass ein Projekt sich ankündigt, bei dem zu viel versprochen wurde, leisten Sie dem Projekt erste Hilfe: Machen Sie keinen Ärger, schaffen Sie eine vernünftige Diskussionsbasis.

Jammern bringt nichts. Setzen Sie sich lieber als *ersten Schritt* mit zwei, drei Leuten zusammen, die wahrscheinlich in Ihrem Projektteam sein werden und machen Sie eine Grobplanung bezüglich

- Q: Welche Ergebnisse können realistischerweise erreicht werden?
- der Ressourcen: Welche Abteilungen brauchen Sie voraussichtlich?
- des Aufwands: Wie hoch wird der Aufwand je Abteilung schätzungsweise sein?
- T: Wenn Sie den geschätzten Aufwand zugrunde legen, was ist dann ein realistischer Endtermin?
- K: Mit welchen Kosten ist der geschätzte Aufwand verbunden?
- P: Wie viel und welche Teammitglieder benötigen Sie?

Laden Sie in einem *zweiten Schritt* jene ein, welche zu viel versprochen haben. Das ist meist ein Verkäufer. Das ist niemals leicht. Denn der zuständige Verkäufer weiß ganz genau, welches Ei er Ihnen ins Nest gelegt hat, und versucht sich nun wie ein Sechsjähriger, der eine Scheibe eingeworfen hat, vor der Verantwortung zu drücken. Lassen Sie sich davon nicht beeindrucken und bleiben Sie hartnäckig, sprechen Sie persönlich beim zuständigen Verkäufer vor und, wenn das nicht hilft, bei seinem Vorgesetzten. Wenn Sie dranbleiben, schaffen Sie es in den meisten Fällen, die Verkäufer ins Meeting zu holen (wenn nicht, gibt es auch eine Lösung, siehe den dritten Schritt der ersten Hilfe, Seite 136).

Legen Sie in diesem Meeting *vorwurfsfrei* (sonst können Sie die Sache gleich vergessen) Ihre Diskussionsbasis (siehe Seite 134) dar. Versuchen Sie, möglichst viel Verständnis für Ihre Lage und das Problem zu wecken. Und vor allem: Verkneifen Sie sich jedes Projektfachchinesisch. Sie reden nicht zu einem Projektexperten, sondern zu einem Verkäufer! Reden Sie knapp und einfach. Denken Sie an KISS: Keep it short and simple!

Fragen Sie den Verkäufer: Haben Sie eine Idee, wie das Projekt noch zu einer guten Lösung kommen könnte?

Oft fällt den Verkäufern eine Lösung ein, weil sie sich an Details aus den Verhandlungen mit dem Kunden erinnern, die Ihnen einfach unbekannt sind. Es fällt ihnen zumindest ein, wie man das unmögliche Projekt etwas möglicher gestalten kann. Damit haben Sie schon etwas gewonnen. Sie haben damit sogar einen zweiten Vorteil gewonnen: Je öfter Sie Verkäufer zur Abklärung von unrealistischen Versprechungen einladen, desto weniger unrealistische Versprechungen werden diese künftig machen, weil sie sich die unangenehmen Abklärungsmeetings natürlich ersparen möchten. Damit leisten Sie Personalentwicklung im Vertrieb. Auch diese Dienstleistung leistet ein guter Projektmanager gerne – obwohl es arbeitsrechtlich nicht gerade seine Aufgabe ist. Ein guter Projektmanager weiß jedoch: Wenn er die Menschen in seinem Umfeld erzieht, tut er sich selbst damit den größten Gefallen. Es arbeitet sich danach einfach leichter.

Wenn Sie es in seltenen Fällen nicht schaffen, den Münchhausen-Verkäufer ins Meeting zu holen, aktivieren Sie den *dritten Schritt* Ihrer ersten Hilfe: Schalten Sie den Auftraggeber ein. Legen Sie nun ihm Ihre Diskussionsbasis vor. Damit haben Sie bereits etwas gewonnen: Sie sind als Projektmanager nicht mehr alleine im Kampf gegen Münchhausenprojekte. Was kann der Auftraggeber tun? Wenn Sie an den Außendienst nicht herankommen, kann er kraft seiner höher gestellten Position den zuständigen Verkäufer vorladen.

Das hat zwei Vorteile: Zum einen können Sie endlich mit dem Verkäufer die Sache klären. Zum Zweiten wird es sich der Verkäufer beim nächsten Mal zweimal überlegen, ob er dem Kunden Märchen erzählt. Oder er wird gleich einen Experten zu Kundengesprächen in der heißen Phase mitnehmen – was in guten Unternehmen auch so üblich ist. Dieser Experte kann dann sofort intervenieren, wenn der Verkäufer unrealistische Versprechungen macht.

Schaffen Sie es im Meeting zusammen mit dem Außendienst nicht, das unrealistische Projekt ausreichend realistisch zu gestalten, hilft nur noch ein *vierter Schritt:*

Das letzte Mittel, die Ultima Ratio, ist die Nachverhandlung.

Gewiss, schon beim bloßen Wort «Nachverhandlung» werden Sie zusammengezuckt sein. Nachverhandlungen sind unangenehm. Es gibt aber noch etwas viel Unangenehmeres als Nachverhandlungen: keine Nachverhandlungen. Denn spätestens am Endtermin kommt heraus, dass dem Kunden Märchen erzählt wurden. Und dann ist der Kunde echt sauer – und zwar auf Sie! Er ist nicht auf den Verkäufer sauer, denn diesen hat er schon lange nicht mehr gesehen. Außerdem sind Nachverhandlungen gar nicht so schlimm, wie Sie vielleicht meinen:

Vernünftige Kunden verhandeln lieber nach, als später festzustellen, dass Qualität, Kosten und Termin nicht zu halten sind.

Normalerweise ist nach diesen vier Schritten der ersten Hilfe der Patient versorgt und das Projekt so weit gerettet, dass Sie es durchziehen können. Sollte dies einmal nicht der Fall sein, kommt der *fünfte Schritt:* Sie ziehen das letzte Register und fragen die alten Hasen! Das Knowledge Management ist in den meisten Unternehmen in einem derart bemitleidenswerten Zustand, dass Sie Haus und Hof verwetten können, dass irgendwo im Unternehmen schon ein ähnliches Projekt durchgezogen wurde – und der projektleitende Kollege Ihnen wertvolle Tipps geben kann. Sobald Sie sich lange genug umhören, wird Ihnen ganz sicher ein vergleichbares Projekt unterkommen.

Widerstand gegen erste Hilfe

Nicht alle Projektmanager wissen sich zu helfen. Etliche haben Probleme mit der eben skizzierten ersten Hilfe. Warum? Weil sie nicht aus ihrem Büro heraus kommen! Viele Projektmanager sind stark introvertierte Fachexperten, die sich weder trauen, den Außendienst zur Abklärung einzuladen, noch zu Nachverhandlungen raus zum Kunden zu gehen, noch raus aus ihrem Büro und auf die Suche nach alten Hasen zu gehen. Sie kriegen den Mund nicht auf und vergraben sich lieber hinter ihrem PC in ausgefeilten Projekt-Charts und Gantt-Diagrammen.

Auf dieses Symptombild passen zwei Wörter: unzureichende Projektkompetenz. Es reicht fürs Projektmanagement eben nicht, fachkompetent zu sein. Fachkompetenz ist absolut notwendig, aber sie ist für Projektarbeit nicht annähernd ausreichend. Wenn Sie ein Projekt gut leiten möchten, brauchen Sie Fachkompetenz und Projektkompetenz.

Ist Ihnen die Fachkompetenz in den Schoß gefallen? Nein. Sie haben dafür studiert oder eine Lehre gemacht. Da ist es nur fair, dass Sie für die entsprechende Projektkompetenz auch etwas tun müssen: Seminare besuchen, Bücher lesen, sich selbst Entwicklungsziele setzen, Mentoren und alte Hasen suchen … Denn eines ist sicher: Wenn Sie nicht lernen, aus Ihrem Büro herauszukommen, werden Sie die Projektunfälle in den nächsten Jahren beruflich und persönlich zugrunde richten, weil Sie die meisten Erste-Hilfe-Maßnahmen gar nicht anwenden können! Das ist ein zu hoher Preis für die Introversion. Bringen Sie Ihre Projektkompetenz auf Vordermann!

24. «Mein Chef zieht mich über Tisch!»

☎ **Das Problem:**

Sie suchen eine unwiderlegbare rhetorische Formel, mit der Sie Ihrem Chef ein Projekt ausreden können, das Sie nicht machen wollen.

✚ **Die erste Hilfe:**

Planung statt Rhetorik.

☑ **Anmerkung:**

Wenn nicht der Chef, sondern der Kunde Sie übern Tisch zieht: Kapitel 18, Seite 106.

Das Problem: Der Chef will, Sie wollen nicht

Auf unseren PM-Seminaren ist überraschenderweise eine der häufigsten Fragen von teilnehmenden Projektmanagerinnen und Projektmanagern: «Gibt es nicht einen rhetorischen Kniff, mit dem ich meinem Chef ein Projekt abschmettern kann, das ich nicht machen möchte?» – «Es muss doch eine unwiderlegbare Formulierung geben, damit der Chef die Idee aufgibt!» – «Welchen Satz muss ich sagen, damit der Chef mich mit seinem Projekt in Ruhe lässt?»

Wäre es nicht schön, wenn es so einen Satz gäbe? Wenn alle Kunden vernünftig, alle Chefs verständnisvoll, alle Kollegen nett, alle Männer zuhören und alle Frauen einparken könnten? Wenn es den Weihnachtsmann wirklich gäbe?

Projektmanager sind meist Ingenieure oder andere Fachexperten, die ganz genau wissen: Es gibt keine Patentlösungen für technische Probleme. Jede technische Aufgabenstellung ist anders und muss individuell gelöst werden. Und obwohl sie das wissen, suchen sie in Büchern und Seminaren nach der Patentlösung für ungeliebte Chefprojekte. Das stimmt bedenklich. So viel Naivität wird im Berufsalltag unweigerlich bestraft.

Dabei ist die Sache schon rein logisch völlig utopisch: Die Hierarchie ist immer stärker als die Rhetorik! Selbst die beste Rhetorik nutzt Ihnen nichts – denn Ihr Chef bleibt immer noch Ihr Chef! Außerdem werden Sie niemals rhetorisch so gut sein können wie Ihr Chef – denn dieser macht täglich nichts anderes, als sich in rhetorischen Winkelzügen zu üben. Das werfen Sie ihm doch häufig genug vor! Das ist schließlich eine Hauptaufgabe von Managern. Rhetorisch können Sie gegen Ihren Chef niemals gewinnen. Sie können nur argumentativ gewinnen.

Das setzt natürlich voraus, dass Sie den Unterschied zwischen bloßer Rhetorik (im Volksmund Schaumschlägerei) und fundierter Argumentation kennen. Der Unterschied ist einfach: Er heißt Planung.

Planung ist besser als Rhetorik.

Der Holzweg: Jammern

Warum kommen viele Projektmanager überhaupt auf die Idee mit dem Zaubersatz? Weil sie diesen Holzweg im Normalfall beschreiten. Normalerweise setzen sie einen solchen Satz ein, wenn der Chef mit einer Projektidee bei ihnen auftaucht: «Wie soll ich das denn auch noch schaffen? Bei mir ist doch ohnehin schon Land unter!» – «Aber das haben wir doch letztes Jahr schon probiert. Das hat doch damals schon nicht funktioniert!» – «Das haut nicht hin. Das ist viel zu teuer.» – «Das bringt im Endeffekt nicht viel. Das haben schon andere versucht.»

Das stimmt alles. Sie haben keine Zeit, das Projekt ist zu teuer oder aussichtslos. Und das sagen Sie dem Chef auch. Nützt das was? Offensichtlich nicht. Der Chef lässt diese guten Gründe nicht gelten. Er wischt sie vom

Tisch. Warum? Weil Sie mit solchen Sätzen die Realität nicht ausreichend beschreiben. «Zu teuer!» Würde so ein Satz Sie etwa überzeugen? Nein. Warum nicht? Weil das eine bloße, unbewiesene Behauptung ist.

Dass Sie wissen, dass ein Projekt zu … (teuer, unrentabel, aussichtslos …) ist, heißt noch lange nicht, dass es auch der Chef weiß. Wenn Sie etwas behaupten, müssen Sie das auch belegen (können). Wie? Mit einer Planung.

Erste Hilfe: Projektplanung

Wenn der Chef wieder mal mit einer Projektidee bei Ihnen auftaucht, mit der Sie nichts zu tun haben wollen, dann suchen Sie nicht nach einer rhetorischen Wunderwaffe, die es nicht gibt (sonst hätte doch sicher schon einer ein Buch darüber geschrieben! Kennen Sie etwa eines?). Nicken Sie freundlich, aber unverbindlich und versprechen Sie dem Chef: «Ich schaue mir das mal an und mache zusammen mit den Zuständigen aus den anderen Abteilungen eine Projektplanung.» Damit ist der Chef fürs Erste zufrieden. Und ohne dass er es bemerkt, haben Sie damit Ihren ersten Zug getan, um das ungeliebte Projekt am Ende auszuhebeln.

Machen Sie dann den zweiten Zug. Ironisch an diesem Zug ist, dass Ihnen der Chef sogar dabei hilft. Klären Sie mit ihm die Frage: Was konkret soll bei diesem Projekt herauskommen? Halten Sie die Ergebnisse schriftlich fest (siehe das Gebot der Schriftform, Kapitel 2, Seite 24). Überraschung: In ungefähr 10 bis 20 Prozent der Fälle kippen Sie allein mit diesem simplen Schachzug das ungeliebte Projekt.

Denn gerade die Happy Hektiker unter den Chefs, die 50 gute Ideen pro Tag haben, überlegen sich selten, zu welchen konkreten Ergebnissen diese Ideen führen sollen. Tun sie es, kommt eben im besagten Prozentbereich heraus, dass die Ergebnisse schon anderweitig erreicht werden oder nicht so wichtig oder prima facie unrentabel sind. Und dafür wird der Chef Ihnen sogar innerlich (er wird das nicht sagen!) dankbar sein. Denn Sie haben ihn kraft Ihrer Projektkompetenz immerhin vor einer Dummheit und einer Blamage bewahrt. Herzlichen Glückwunsch. Gehen Sie danach in die Grobplanung:

- Welche Abteilungen brauchen Sie für das Projekt?
- Was sind die Meilensteine des Projektes?
- Welche Leistungen brauchen Sie von den Abteilungen?
- Reden Sie mit den Experten der Abteilungen: Wie viel Zeit, Kosten und Personal brauchen diese schätzungsweise?

Mit dieser Grobplanung gehen Sie nun zum Chef. Sie werden erleben: Diese Planung ist besser als jede Rhetorik. Denn keine Rhetorik der Welt kommt gegen eine Planung an. Rhetorik ist eher abstrakt, Planung ist konkret. Es ist wie beim Knobeln: Stein bricht Schere. Sehen Vorgesetzte zum ersten Mal, welchen Aufwand ihre Projektidee erfordert, nehmen die meisten Abstand davon oder verwandeln das Projekt implizit in ein Schubladenprojekt. Tut dies Ihr Vorgesetzter nicht, fragen Sie ihn einfach, welche anderen Projekte Sie für das neue Projekt zurückstellen dürfen. Dürfen Sie welche zurückstellen, ist Ihnen geholfen. Kann man keines zurückstellen, dann muss das neue Projekt wohl verschoben werden (verschoben ist in diesem Fall so gut wie aufgehoben).

Wenn Sie dem Chef rhetorisch kommen, manipulieren Sie ihn. Und das nimmt jeder Chef übel. Wenn Sie ihm jedoch einfach Ihre Projektplanung vorlegen und ihn fragen, welche Projekte in welcher Reihenfolge zu erledigen sind, führen Sie ihn mit sanfter Hand zu einer Priorisierung seiner vielen Projekte und tun ihm damit sogar noch einen Gefallen. Fazit: Werden Sie nicht rhetorisch, wenn Sie argumentieren können.

25. «Wir werden zugemüllt mit sinnlosen Projekten!»

☎ Die Probleme:
- Jemand hat eine Schnapsidee, etikettiert sie als «Projekt» und brummt sie Ihnen auf.
- Jemand lädt ein Standby-Projekt bei Ihnen ab.

✚ Die erste Hilfe:
- Melden Sie Ihren Aufwand an und lassen Sies priorisieren.
- Legen Sie das Projekt in die Schublade.

Problem Schnapsideen

Viele Teilnehmer in unseren Seminaren beklagen sich über «sinnlose Projekte»: «Irgendwo in der Firma ist nicht aufgeräumt, und schon macht der Geschäftsführer daraus ein ‹Projekt zur Sauberkeit am Arbeitsplatz›.» – «Ist die Espressomaschine im Vorstandszimmer kaputt, macht man bei uns daraus gleich ein Vorstandsprojekt.» – «Wir sollen die Anschaffung neuer Kopierer fürs Unternehmen projektieren. Das ist totaler Blödsinn, weil wir in den nächsten fünf Jahren aus dem laufenden Leasingvertrag nicht rauskommen!»

An solchen Projekten erkennt der Fachmann, dass der Auftraggeber Projektmanagement «echt toll» findet, leider aber wenig Ahnung davon hat. Deshalb etikettiert er alles, was vorher eine «Besorgung» war, jetzt als Projekt; nach dem Manager-Motto: viele Projekte – viel Ehr. Die resultierenden Projekte sind aus wirtschaftlicher Sicht meist ziemlicher Unsinn. Genau das können Sie dem Auftraggeber aber nicht sagen. Sie haben je doch noch viel weniger Lust, für die neueste Schnapsidee des Chefs auch noch Überstunden zu machen. Was tun? Erste Hilfe leisten, natürlich.

Bevor wir dazu kommen, betrachten wir noch einen zweiten Projektunfall aus der Klasse der sinnlosen Projekte, so genannte Standby-Projekte.

Problem Standby-Projekte

Um manche Projekte wird vor Projektstart ein Riesenwirbel gemacht. Der Auftraggeber hält eine flammende Rede. Die Bereichsleiter überschlagen sich fast vor Hilfsbereitschaft. Zwei Wochen später kräht kein Hahn mehr nach dem Projekt. Der Auftraggeber fragt vielleicht noch ein-, zweimal nach dem Projektstand, danach kommt von oben kein Laut mehr.

Jedes normale Projektteam fühlt sich von so einer Taktik veräppelt. Man fragt sich: Warum sollen wir für dieses Projekt überhaupt noch wertvolle Zeit dransetzen, wenn es sowieso keinen mehr juckt? Das Problem ist jedoch, wie ein Projektleiter eines Anlagenbauers sagt: «Wenn wir das Projekt heute klammheimlich einstellen – möglicherweise fragt ausgerechnet morgen ja ein Topmanager danach!»

Psychologen nennen dieses Dilemma einen Double Bind: Wie mans macht, ists falsch. Manche Manager sind Meister darin, ihre Mitarbeiter in Double-Bind-Situationen zu bringen (und sich dann darüber zu beschweren, dass ihre Leute unmotiviert und unproduktiv sind). Egal, was der Projektleiter tut, er ist der Dumme. Macht er mit dem Projekt weiter, opfert er seine Zeit und seine Leute für eine Sache, die eh keinen mehr juckt. Tut er es nicht, reißt man ihm womöglich den Kopf ab, wenn man dahinterkommt, was er mit dem Projekt gemacht hat. Was tun?

Die Holzwege: Stöhnen und Ausreden

Bekommen sie unsinnige Projekte aufgebrummt, stöhnen viele Projektmanager und fügen sich in ihr Schicksal. Das geht bei einem oder wenigen sinnlosen Projekten gut. Leider zeigen Auftraggeber, die ein sinnloses Projekt ausgelöst haben, jedoch die Tendenz, ihre Projektmanager unter einer Flut sinnloser Projekte geradezu zu begraben.

Wohlgemerkt: Es gibt Topmanager, welche projektkompetent sind und verantwortungsvoll mit Projektaufträgen umgehen. Über diese Manager reden wir hier nicht. Wir reden über jene, welche «aus einer Autowäsche ein Projekt machen», wie eine Projektleiterin eines Fuhrunternehmens es ausdrückt.

Aber für sinnlose Projekte gibt es keine Anerkennung, weil jeder nach deren Abnahme sieht, dass sie für die Katz waren. Der schlimmste Schaden sinnloser Projekte ist jedoch, dass Sie wertvolle Zeit dransetzen müssen, die Ihnen für wirklich wichtige Projekte verloren geht. Darunter leiden diese wichtigen Projekte – wofür wiederum Sie und nicht der Auftraggeber sinnloser Projekte verantwortlich gemacht werden.

Aus diesen Gründen versuchen viele Projektmanager, ihren Auftraggebern die offensichtlich sinnlosen Projekte auszureden. Das funktioniert nur selten. Meist erreicht man damit das Gegenteil: Die Fronten verhärten sich. Denn wenn jemand unbedarft genug ist, ein unsinniges Projekt vom Stapel zu lassen, ist er auch unbedarft genug, auf seinem unsinnigen Projekt zu bestehen. Das artet dann regelmäßig in einen Machtkampf aus, den der Projektmanager verliert.

Lassen Sie sich auf keine Machtkämpfe ein. Leisten Sie erste Hilfe.

Erste Hilfe bei sinnlosen Projekten

Versuchen Sie nicht, einem Manager eine Projektidee auszureden. Das funktioniert nicht (weil er glaubt, dabei das Gesicht zu verlieren). Sagen Sie ihm lieber, was die Idee kostet – das funktioniert wesentlich besser.

Bitten Sie um etwas Zeit für eine Grobplanung, um den Aufwand zu schätzen. Mit etwas Erfahrung können Sie auch oft sofort sagen: «Drei Wochen Arbeit kostet uns das schon.» Da wird Ihr Auftraggeber zum ersten Mal schlucken. Wer eine Schnapsidee hat, geht meist davon aus, dass sie «nebenbei» zu erledigen ist. Viele Manager überlegen es sich an dieser Stelle noch einmal: «Drei Wochen, sagen Sie? Dann stellen wir die Idee erst mal zurück, bis wir etwas mehr Luft haben.» Überlegt es sich Ihr Auftraggeber jedoch nicht, dann erbitten Sie einfach eine Priorisierung: «Wenn wir die nächsten drei Wochen dransetzen müssen – was kann ich dafür aufschieben? Welche Projekte kann ich in die Warteschleife stellen?» Mit dieser Frage gewinnen Sie immer. Entweder sieht der Auftraggeber ein, dass wegen seiner neuen Projektidee keine wichtigen Projekte leiden sollten, und schiebt seine Idee auf. Oder er nennt Ihnen ein Projekt, das Sie hintenanstellen dürfen. In beiden Fällen haben Sie, was Sie brauchen: Entlastung.

Erste Hilfe für Standby-Projekte

Mit etwas Erfahrung erkennen Sie bereits von weitem ein Standby-Projekt. Ein erfahrener Projektmanager riecht das förmlich. Er kennt seine Auftraggeber. Er weiß, wenn Vorstandsmitglied X ein Projekt anschiebt, dann schaut er dem Team eine Woche lang pausenlos über die Schulter. Danach hört man nichts mehr von ihm – bis zum nächsten Projekt.

Erkennen Sie ein Standby-Projekt, legen Sie es in die Schublade.

Erfahrene Projektmanager sprechen davon, dass sie das Projekt «auf Standby-Modus schalten». Das heißt, sie beginnen ganz normal mit den Arbeiten am Projekt, bis wenige erste Schritte erledigt sind und sie etwas Vorzeigbares vorweisen können. Diesen Stand frieren sie dann ein und legen das Projekt sozusagen auf diesem Stand in die Schublade. Aus dieser Schublade ziehen sie alle nötigen Unterlagen heraus, sollte sich der Auftraggeber noch einmal für das Projekt interessieren.

Aber Vorsicht Holzweg: Viele Projektmanager fangen gleich gar nicht mit einem Projekt an, wenn sie erkennen, dass nach zwei Wochen kein Hahn mehr danach kräht. Das ist sehr gefährlich, weil es in einigen Fällen ins Auge gehen kann, wenn der Auftraggeber ganz überraschend doch noch etwas übers Projekt erfahren möchte. Dann steht der Projektmanager ganz ohne Vorzeigbares da. Einige versuchen, diese peinliche Situation zu überspielen, indem sie sagen: «Jaja, alles im grünen Bereich, alles in Ordnung, es läuft alles nach Plan.» Damit lassen sich Manager zu Recht nicht abspeisen.

Denken Sie an das Gebot der Schriftform: Sie müssen schwarz auf weiß etwas vorzuweisen haben, wenn es glaubwürdig sein soll.

Sie brauchen die dokumentierten Ergebnisse der ersten Projektschritte, um diese vorweisen zu können. Hat der Manager sich diese Dokumentation angesehen, machen Sie wieder einige Schritte und legen das Ganze dann wieder dokumentiert in die Schublade. Noch ein Tipp:

Machen Sie aus diesen wenigen, kleinen Schritten keine Doktorarbeit. Beschränken Sie sich auf eine Schmalspur-Dokumentation mit den wesentlichsten Punkten.

Ist das Insubordination? Viele Projektlaien sind über die Standby-Technik empört: «Sie können doch einen Auftrag eines Vorgesetzten nicht einfach in die Schublade legen! Das ist Befehlsverweigerung!» Nein, das ist es eben nicht. Und das hat einen einfachen Grund: Wenn Sie eine Woche Arbeitszeit in ein Standby-Projekt stecken, anstatt es in die Schublade zu legen, ist der Auftraggeber des Standby-Projektes meist der Erste, mit dem Sie Krach kriegen. Denn erfährt er, dass Sie eben eine Woche investiert haben, hält er Ihnen meist vor: «Sind Sie verrückt? So viel Zeit haben Sie doch gar nicht! Das Projekt muss nebenher laufen!» Genau das tut es in der Schublade. Es ist ja nicht tot dort; es «läuft» nur nebenher.

Wenn Ihr Auftraggeber mit dem Fortgang wider Erwarten einmal unzufrieden sein sollte, dann wird er es Ihnen schon sagen. Er wird Ihnen keinen Vorwurf machen können, denn immerhin haben Sie ja etwas vorzuweisen. Reagiert er trotzdem ungeduldig, stellen Sie ihm die Prioritätenfrage – eine sehr wirksame Erste-Hilfe-Maßnahme, die Sie bei vielen

Projektunfällen anwenden können. Fragen Sie den Auftraggeber einfach, welche anderen Projekte Sie zurückstellen dürfen, um das Standby-Projekt bevorzugt zu bearbeiten. Entweder Sie dürfen welche zurückstellen, dann sind Sie entlastet. Oder Sie dürfen nicht, dann wird dem Auftraggeber schnell klar, dass sein Standby-Projekt berechtigt in der Schublade liegt, weil es eben eine nachrangige Priorität hat.

Warum die ganze Mühe?

Nicht zum ersten Mal werden Sie beim Lesen der Ersten-Hilfe-Maßnahmen ein ungutes Gefühl verspüren. Teilnehmer von Trainings und Coachings geben diesem Gefühl Ausdruck: «Warum muss ich mir derartige Umstände machen? Warum kann der Auftraggeber nicht von sich aus vernünftig sein? Schließlich verdient er viel mehr als ich! Warum lässt er mich nicht einfach in Ruhe meine Arbeit machen?» Wäre das nicht schön? Ja, das wäre es.

Aber so ist es nun mal nicht. Wir alle wünschen uns, in Ruhe unsere Arbeit machen zu können. Aber man lässt uns oft nicht. In dieser Situation können Sie

* darüber klagen, dass man Sie nicht in Ruhe arbeiten lässt,
* dafür sorgen, dass man Sie in Ruhe arbeiten lässt.

Für welche Option entscheiden Sie sich? Erfahrene Projektmanager entscheiden sich für beide. Erst machen sie ihrem berechtigten Zorn Luft, dann packen sie an. Dabei machen sie recht bald eine erstaunliche Entdeckung:

Wer erste Hilfe leistet, wird belohnt.

Natürlich ist erste Hilfe zunächst einmal ein zusätzlicher Aufwand. Doch mit Hilfe dieses Aufwandes

- sparen Sie eine viel größere Menge Aufwand. Denn ohne erste Hilfe kommt alles noch viel schlimmer;
- können Sie endlich wieder in Ruhe arbeiten;
- steigern Sie Ihren Erfolg. Denn dank erster Hilfe sind Projekte erfolgreicher, schneller und kostengünstiger;
- haben Sie eine Menge Spaß, denn erste Hilfe macht Spaß, weil Sie damit etwas bewegen und sich Ansehen verschaffen.

26. «Wenn ich meinem Chef sage, was im Projekt los ist, fliege ich hochkant raus!»

☎ **Das Problem:**
Ihr Chef, Vorgesetzter oder Auftraggeber will nur gute Nachrichten hören und lässt Sie also exakt dann, wenn Sie seine Hilfe am nötigsten haben, im Stich: wenn es Probleme gibt.

+ Die erste Hilfe:
Bieten Sie schnellstmöglich vorwurfsfreie Lösungsalternativen an.

Problem Schönwetter-Chef

Ungefähr 90 Prozent aller Projektmanagerinnen und Projektmanager beklagen sich bitterlich über die mangelnde Unterstützung «von oben». In manchen Projektmanagement-Seminaren verzögert sich der Beginn beträchtlich, weil die Teilnehmerinnen und Teilnehmer sich erst minutenlang Luft darüber machen müssen, wie sie von oben im Stich gelassen werden. Natürlich werden die Zeiten immer härter und die Aufgaben immer anspruchsvoller – doch was sagt es über einen Feldherrn, der seine Truppen im Stich lässt? Hätte ein Cäsar, ein Wellington, ein Blücher so etwas getan?

Schönwetter-Chefs sind bekannt dafür, dass sie ihre Truppen gerade dann im Stich lassen, wenn es brenzlig wird. Projektmanager trauen sich nur noch mit guten Nachrichten zu ihnen, weil sie wissen: Sobald sie mit einem Problem zu ihnen kommen, mit einer absehbaren Terminverzögerung, notwendig werdenden Abstrichen bei der Projektqualität, Abstrichen bei einzelnen Projektleistungen, drohenden Budgetüberschreitungen oder personellen Problemen, verlieren Schönwetter-Chefs die Fassung: «Das darf nicht sein! Sehen Sie zu, dass Sie das so schnell wie möglich unter Kontrolle bekommen!» Das ist wenig hilfreich. Projektmanager fühlen sich dabei im Regen stehen gelassen. «Dafür sind schließlich Sie als Projektmanager zuständig!» Das weiß der Projektmanager auch. Er will auch nicht die Verantwortung abwälzen oder gar abgeben. Alles, was er will, ist ein wenig Unterstützung, und sei es nur moralische Unterstützung. Ist das zu viel verlangt? Für Schönwetter-Chefs offensichtlich ja.

Verschärft tritt das Problem bei strukturellen Engpässen auf, wenn zum Beispiel einzelne Abteilungen ihre zugesagten Arbeitspakete nicht liefern können, weil ihre Kapazität nicht ausreicht. Dazu sagt der Schönwetter-Chef dann: «Das ist Ihre Sache. Wofür habe ich Sie denn?» Soll der Projektmanager etwa fünf neue Laboranten einstellen, damit das Labor endlich seine Arbeitspakete erledigen kann? Das kann kein Projektmanager. Das scheint der Vorgesetzte zu vergessen. Deshalb ist Projektmanagement bei vielen Topmanagern so beliebt. Damit hat man endlich einen Sündenbock, auf den man alles schieben kann, was seit Jahren im Unternehmen schief läuft: den Projektmanager. Wenn die Ressourcen-Ausstattung viel zu gering ist, wenn Entscheidungen längst überfällig sind, wenn die falschen Leute im Projekt sind – das alles geht den Schönwetter-Chef nichts an, weil dafür ja der Projektmanager zuständig ist, wie er glaubt.

Sind Schönwetter-Chefs Sadisten? Nein, in der Regel nicht. Sie kennen sich lediglich nicht aus im Projektmanagement. Das können Sie ihnen noch nicht einmal vorhalten: Was man nicht gelernt hat, kann man nicht wissen. Natürlich wäre es schön, wenn alle Vorgesetzten Projektkompetenz hätten. Doch solange das nicht der Fall ist, haben Sie nur eine Wahl: entweder darunter leiden oder erste Hilfe leisten.

Ein Holzweg mit drei Terminplänen

Wie verzweifelt die Lage vieler Projektmanager ist, zeigt der Umstand, dass etliche von ihnen Zuflucht zu einer Art Plan-Schizophrenie nehmen. Ein Projektmanager eines Elektro-Unternehmens erklärt: «Wir führen in unserem Projekt drei Terminpläne. Einen für die Lieferanten, einen für den Kunden und einen für den Chef.»

Der Lieferant kriegt den Terminplan, auf dem die Termine künstlich nach vorne gerückt wurden – damit er trotz gewohnter Lieferverzögerungen termingerecht liefert. Der Chef kriegt den Terminplan, bei dem alles immer im grünen Bereich ist. Der Kunde kriegt den realistischen Plan.

Ist es nicht verrückt, welche Kopfstände man als erwachsener Mensch im Business machen muss? Die meisten Projektmanager nehmen kein Blatt vor den Mund: «Das ist kindisch. Das hat mit professioneller Arbeit nichts mehr zu tun.» In so einer Lügenkultur noch geht die Motivation meist vollständig verloren.

Die schizophrene Aufspaltung der Projektplanung ist nicht nur sehr aufwändig (wie alle Lügen), sie funktioniert auch nicht. Sie ist ein typischer Holzweg. Denn es gibt immer einen, der nicht dichthält. Irgendwie kommt immer heraus, dass drei Pläne im Umlauf sind. Und dann rastet ein Schönwetter-Chef natürlich (nicht ganz zu Unrecht) aus. Denn schließlich wurde er auf arglistige und vorsätzliche Weise getäuscht und vor seinen Kollegen vorgeführt.

Spielen Sie nicht mit dem Feuer. Leisten Sie erste Hilfe.

Erste Hilfe: Vorwurfsfreie Lösungsalternativen

Bei drohenden Unfällen mit Schönwetter-Chefs gilt, was generell für jede erste Hilfe gilt: Leisten Sie so schnell wie möglich erste Hilfe.

So schnell wie möglich heißt: Sobald Sie auch nur absehen können, dass Sie ein Projektproblem nicht mehr aus eigener Kraft geradebiegen können, machen Sie Rückmeldung beim Chef, Auftraggeber oder Vorgesetzten. Eben jenem Ansprechpartner, der Ihr Projekt in Auftrag gab.

Verleihen Sie Ihrer Rückmeldung den nötigen Nachdruck.

Schreiben Sie also nicht bloß ein Memo, das wieder keiner liest und lassen Sie sich auch nicht von der Sekretärin abspeisen. Bestehen Sie darauf, dem Auftraggeber persönlich Feedback zu geben. Sorgen Sie dafür, dass er persönlich so schnell wie möglich erfährt, was schief läuft. Machen Sie darüber einen Aktenvermerk, damit Ihnen nachher niemand vorhalten kann, Sie hätten nicht rechtzeitig den Alarmknopf gedrückt.

Geben Sie vorwurfsfreie Rückmeldung.

Wenn Sie jammern oder anklagen, provozieren Sie geradezu den gefürchteten Rauswurf durch den Schönwetter-Chef: «Das war doch von vorneherein nicht zu schaffen!»– «Hätten Sie uns früher gesagt, dass der Kunde eine Multifunktionsanwendung möchte ...» Das reizt den Auftraggeber nur. Und das wollen Sie nicht.

Sprechen Sie nur über Fakten und deren Konsequenzen.

Also zum Beispiel: «Die Testwerkstatt war drei Tage nicht verfügbar. Das hat den Terminplan so durcheinander gebracht, dass wir alle nachfolgenden Aufgaben mit den Abteilungen neu terminieren mussten. Dadurch liegen wir jetzt zehn Tage hinter Plan.» Das reicht. Mehr ist nicht nötig. Je mehr Sie sagen, desto wahrscheinlicher wird der Rauswurf. Weniger ist mehr.

Rechnen Sie damit, dass der Auftraggeber negativ reagiert.

Viele Projektmanager sind zu empfindlich. Sie erwarten, dass der Chef ihnen voll Verständnis begegnet, wenn sie mit einer schlechten Nachricht ankommen. Sie vergessen dabei, dass sie das auch nicht tun würden, wenn man ihnen eine schlechte Nachricht überbringen würde. Sie verlangen also vom Chef, dass er ein Übermensch ist. Eine unrealistische Erwartung. Emotionale Kompetenz bedeutet, dass man sowohl mit den eigenen als auch mit den Gefühlen anderer umgehen kann. Wenn der Chef also Dampf ablässt, muss man damit umgehen können. Das fällt ausgesprochenen Fachexperten erfahrungsgemäß schwer, doch kann man selbst das beherrschen, was einem schwer fällt. Man sollte es lediglich ernsthaft versuchen.

Lassen Sie den Auftraggeber seinem Ärger Luft machen und bieten Sie ihm dann ungefähr drei Lösungsalternativen an.

Auch mit dieser einfachen Erste-Hilfe-Maßnahme haben viele Projektmanager so ihre Schwierigkeiten. Sie haben ein Problem und rennen damit zum Chef, damit er es für sie löst. Darauf kann man eigentlich nur mit Rauswurf reagieren. Denn der Projektmanager bezahlt den Chef nicht dafür, dass er für ihn denkt. Wer zu bequem ist, sich für das Gespräch mit dem Auftraggeber drei Lösungsoptionen auszudenken, sollte sich ernsthaft Gedanken über seine Berufswahl machen.

Es ist auch unklug, dem Chef nur eine Lösung anzubieten: «Sie müssen unbedingt mit dem Entwicklungsleiter sprechen!» Ein Manager muss gar nichts. Er muss sich vor allem nicht von einem Mitarbeiter sagen lassen, was er tun muss. Wem Sie nur eine Lösung vorgeben, den setzen Sie unter Druck. Und darauf reagieren eben viele Führungskräfte negativ oder mit Rauswurf. Denken Sie an den schönen Spruch:

Wer jemand eine Lösung vorgibt, setzt ihn unter Druck. Wer ihm zwei Lösungen vorsetzt, bringt ihn in ein Dilemma. Erst bei drei Vorschlägen beginnt die freie Wahl.

Manager reagieren sehr positiv darauf, wenn Sie ihnen die freie Wahl lassen. Überlegen Sie doch mal: Auch Sie haben lieber die freie Wahl, nicht wahr? Der Auftraggeber ist auch nur ein Mensch.

Die Voraussetzung zur ersten Hilfe

Dass ein Projektmanager seinem Projekt erste Hilfe leisten kann, wenn er an einen Schönwetter-Chef geraten ist, setzt einiges voraus. Es setzt voraus,

dass der Projektmanager wie eben beschrieben vorwurfsfrei und lösungs-
orientiert kommunizieren kann. Genau das können die meisten Projektmanager nicht. Sie sehen zwar einer Schraube auf zehn Meter Entfernung
an, welche Gewindeneigung sie hat – doch sie können nicht lösungszen-
triert mit ihrem Auftraggeber sprechen. Sie rutschen ins Jammern und
Herumeiern ab. Schließlich werden sie dafür bezahlt, dass sie sich mit Technik, Verfahren und Entwicklung auskennen – nicht mit Kommunikation!
Das Problem ist nur: Die ganze Technik nutzt Ihnen im Falle eines Projektunfalls wenig, wenn Sie nicht kommunizieren und erste Hilfe leisten
können!

Das ist ja gerade das Vertrackte am Projektmanagement! Wenn Sie für
Ihr Projekt lediglich Fachkompetenz bräuchten, dann gäbe es keine Projektunfälle! Irgendwann müssen Sie in den sauren Apfel beißen und sich
auch projektorientierte Kommunikationskompetenz aneignen. Sie müssen
sich damit nicht allein gelassen vorkommen. Denn genau dafür gibt es gute
Projektmanagementseminare. Suchen und besuchen Sie eines. Es zahlt sich
für Sie und Ihr Projekt aus.

27. «Unser Chef will kein gutes Projekt-management!»

☎ **Das Problem:**
Sie wissen genau, was Sie tun müssen, um gute Projektarbeit zu leisten –
doch Ihr Vorgesetzter oder Auftraggeber behindert Sie dabei.

+ Die erste Hilfe:
Erwarten Sie nicht, dass Ihr Vorgesetzter weiß, wie professionelles Projektmanagement funktioniert. Erklären Sie es ihm.

Das Problem der mangelnden Projektkompetenz im Management

Dieser Projektunfall ist einer der verrücktesten im ganzen Projektmanagement. Er beginnt damit, dass das Topmanagement seine Projektmanager auf
ein Projektmanagement-Seminar schickt, damit diese endlich «lernen, wie
man Projekte professioneller führt!» Danach kommen die Projektmanager
vom Seminar zurück ins Unternehmen und sagen zum Beispiel:
*   «Wir sollten dringend eine Risiko-Analyse vor dem Projektstart ma-
    chen», worauf die Topmanager sagen: «Was soll der Unfug? Analysiert
    hier nicht herum, fangt gefälligst mit der Arbeit an!»
*   «Unsere Projektziele sind weder prüf- noch messbar», woraufhin die
    Topmanager sagen: «Na, dann macht das doch!», was natürlich nicht
    geht, denn nur ein Topmanager weiß letztendlich, welche Ziele er mit
    einem Projekt verfolgt.

Und so weiter. Sie kennen sicher genügend Fälle, in denen Sie es richtig machen wollten und von oben ausgebremst wurden. Zu den heftigsten Projektunfällen kommt es dabei regelmäßig, wenn ein Topmanager folgende Formulierung bemüht: «Was halten Sie mich mit diesen Details auf? Behelligen Sie mich nicht damit. Wozu habe ich Sie schließlich aufs Seminar geschickt?» Überspitzt formuliert: Topmanager schicken Projektmanager aufs Seminar, um sie danach zu bestrafen, wenn sie das Gelernte umsetzen (wollen).

Diese Taktik führt unweigerlich zur kollektiven Schlussfolgerung der Projektmanager: «Die da oben wollen gar kein professionelles Projektmanagement. Die tun nur so als ob.»

Zwei Holzwege: Resignieren und vorhalten

Wie reagieren Projektmanager auf diese Misere? Sie reagieren oft mit vorauseilender Resignation und sagen bereits auf dem Projektmanagement-Seminar zum Trainer: «Das können Sie vergessen. Damit kann ich meinem Chef auf keinen Fall kommen. Das erlaubt er nicht. Dafür kenne ich ihn zu gut.» Das stimmt oft. Die Folge davon: Es ändert sich nichts im Projekt. Wer sich nicht traut, Erste-Hilfe-Maßnahmen zu erlernen, weil er glaubt, sein Chef erlaube das nicht, wird weiterhin jedem Projektunfall hilflos ausgeliefert sein. Resignation ist keine Lösung.

Während die Resignation auf der einen Seite des Reaktionsspektrums liegt, liegt die Aggression auf der anderen Seite: «Ich kann unsere Ziele nicht prüf- und messbar machen. Das können nur Sie. Wenn ich meinen Job machen soll, müssen Sie auch Ihren machen!» Darauf gibt es für jeden Vorgesetzten nur eine mögliche Reaktion: zusammenfalten.

Natürlich machen viele Vorgesetzte ihren Projektjob nicht – doch das dürfen Sie ihnen nicht vorhalten! Denn das bringt Ihnen nichts als Ärger, ohne dass etwas Konkretes dabei herausspringt.

Der Problemhintergrund

Wenn ein Topmanager eine Maßnahme ablehnt, die sein Projektmanager eben erst im Seminar gelernt hat, heißt das auf Deutsch:

Viele Topmanager haben weniger Ahnung von Projektmanagement als ihre eigenen Projektmanager.

Und das mit gutem Grund, denn: «Das muss ich alles nicht wissen. Wofür habe ich schließlich meine Projektmanager?» Eine nachvollziehbare Begründung, die nur einen Nachteil hat: Wenn ich zum Beispiel zwanzig Konstrukteure führe und ich kann keinen Konstruktionsplan lesen, dann kann ich die Konstrukteure auch nicht führen. Ich muss nicht unbedingt konstruieren können – aber ich muss Konstruktionspläne lesen können!

Wenn ich einen Projektmanager habe, der mit Balkendiagrammen sein Projekt führt, dann muss ich ein Balkendiagramme lesen können – sonst verliere ich den Überblick übers Projekt. Es gibt Dinge, die ein Projektmanager können muss. Und es gibt Dinge, die ein Auftraggeber verstehen muss.

Er muss sie nicht machen können, er muss sie lediglich verstehen können. Aber verstehen muss er sie. Sonst kann er keine fundierten Entscheidungen fürs Projekt fällen. Und Entscheiden gehört zu den Aufgaben eines Managers. Das weiß jeder Manager. Leider wissen viele Manager nicht, was sie alles verstehen müssen, um über ein Projekt entscheiden zu können. Das ist das ganze Problem. Das Problem ist wie folgt lösbar.

Erste Hilfe: Dienstleistung

«Mein Chef will das alles nicht hören!» Da haben Sie sicher recht. Er möchte es jedoch nicht deshalb nicht hören, weil er es nicht hören möchte, sondern weil er es in dem Ton nicht hören möchte, in dem Sie es ihm sagen.

Die meisten Projektmanager sind auf Projektmanagement-Seminaren stocksauer, wenn sie erfahren, wie man ein Projekt professionell führt und es damit vergleichen, wie ihr Chef ein Projekt behindert. Wenn Sie Ihrem Vorgesetzten mit dieser Wut im Bauch Bescheid stoßen, wie man ein Projekt richtig führt, können Sie sich ausrechnen, wie er darauf reagiert: ablehnend bis cholerisch. Und das zu Recht. Wut ist ein schlechter Ratgeber.

Denn Wut spricht in Vorwürfen. Und auf Vorwürfe reagieren alle Menschen, nicht nur Chefs, defensiv bis aggressiv. Beruhigen Sie sich also auf jeden Fall, bevor Sie Ihrem Vorgesetzten sagen, wie man ein Projekt richtig führt. Sie beruhigen sich umso schneller und nachhaltiger, je eindrücklicher Sie sich vor Augen führen, dass Ihr Chef nicht wirklich schuldig ist: Während Sie auf ein gutes Projektmanagement-Seminar dürfen, hat er diesen Vorteil wahrscheinlich nie genossen. Er kann also gar nicht wissen, was Sie wissen. Ihm auch noch vorzuwerfen, dass er nicht weiß, was er nicht wissen kann, ist das, was man im Fußball eine Blutgrätsche nennt: einfach unfair und einer roten Karte würdig.

Treten Sie Ihrem Vorgesetzten nicht als Ankläger, sondern als Dienstleister gegenüber.

Bieten Sie ihm lieber die Dienstleistung an, ihn davon zu unterrichten, was er bisher nicht wusste. Verstehen Sie sich nicht als Untergebener Ihres Vorgesetzten: Im Projekt sind Sie das, wie bereits mehrfach erwähnt, eben nicht im eigentlichen Sinne. Sie sind eher Dienstleister. Also leisten Sie ihm diesen Dienst, informieren Sie ihn vorwurfsfrei. Sie sollten ihm keine Vorwürfe machen, sondern ihm die Instrumente eines professionellen Projektmanagements regelrecht verkaufen.

Erste Hilfe: Verkaufsgespräch

Wenn Sie Ihrem Vorgesetzten die Instrumente eines professionellen Projektmanagements nahe bringen wollen, dann fallen Sie nicht mit der Tür ins Haus: «Hier ist unser Frühwarnsystem!» «Frühwarnsystem? Welches Frühwarnsystem denn?» Die dümmste Antwort darauf lautet übrigens, Sie haben es vielleicht geahnt: «Das haben wir auf dem Seminar gelernt!» Das geht voll in die Hose und reizt Ihren Vorgesetzten geradezu, die große Verbalkeule auszupacken, weil es kein triftiger Grund ist. Das überzeugt nicht.

Das Einzige, was einen Manager überzeugt, ist sein Nutzen.

Das gilt übrigens nicht nur für Manager, sondern für alle Menschen. Wenn Sie möchten, dass Ihr Vorgesetzter die Instrumente eines professionellen Projektmanagements akzeptiert, sollten Sie ihm nachvollziehbar erklären, was ihm das bringt.

Sie können zum Beispiel sagen: «Erinnern Sie sich an die Terminüberschreitungen in unserem letzten Projekt? Mit einem Frühwarnsystem können wir rund 80 Prozent aller Verzögerungen vermeiden und den Endtermin halten.» Dann zeigen Sie ihm, wie das funktioniert.

Machen Sie eine richtige kleine Präsentation zum Thema.

Überfordern Sie Ihren Vorgesetzten nicht. Erschlagen Sie ihn nicht mit dem gesamten Seminarstoff auf einmal. Machen Sie es häppchenweise, damit es gut verdaubar bleibt: jeweils nur eine Technik pro Präsentation. Mehr ist zu viel.

Halten Sie sich in der Präsentation an die 30:70-Regel.

Das heißt: 30 Prozent der Zeit erklären Sie, wie das jeweilige Instrument funktioniert, 70 Prozent der Zeit erläutern Sie, welchen Nutzen der Topmanager (nicht Sie, nicht der Kunde, nicht das Projektteam) davon hat. Der häufigste Fehler bei solchen Gesprächen ist, dass Projektmanager diese Quote auf den Kopf stellen und mehr über Funktion als über Nutzen reden. Das überzeugt leider nicht. Zeigen Sie dem Chef, wie, wie stark und warum er mit diesem Instrument einer professionellen Projektsteuerung besser dasteht als ohne.

Sie werden feststellen, dass der Vorgesetzte nicht nur seinen Widerstand gegen die neuen Techniken rasch aufgibt, sondern davon sogar sehr angetan ist und Sie in deren Anwendung moralisch und tatkräftig unterstützt. Nicht mehr und nicht weniger wollen Sie erreichen.

28. «Unsere Meetings drehen sich im Kreis!»

☎ **Das Problem:**
Ihre Projektmeetings kosten viel Zeit und bringen wenig greifbare Ergebnisse, sind also, in einem Wort, ineffizient.

✚ Die erste Hilfe:
Meeting-Moderation.

☑ **Anmerkung:**
Wenn Ihr Team erstaunlicherweise keine effizienten Meetings will, lesen Sie Kapitel 12 ab Seite 69 ff.

Das Problem: Ineffiziente Meetings

Es gibt einen Projektunfall, der in fast allen Projektteams passiert. Und nicht nur das: Er passiert immer und immer wieder. Ein Unfall mit Wiederholungsmuster, sozusagen. Welcher Unfall? Das Projektmeeting. Einige repräsentative Äußerungen unserer Seminarteilnehmer: «Unsere Projektmeetings sind total ineffizient. Wegen jeder Kleinigkeit eiern wir endlos herum.» – «Die Hälfte der Zeit drehen wir uns im Kreis!» – «Viele gehen rein, wenig kommt raus.» – «Wir werden nie pünktlich fertig, und trotzdem sind die Ergebnisse unbefriedigend.»

Ineffiziente Meetings sind ärgerlich und frustrierend. Aber schadet das was? Sicher. Denn es gilt die Faustregel: Wie das Meeting, so das Projekt.

Wenn schon in den Meetings endlos herumgeredet und unpünktlich abgeschlossen wird, wird meist ebenso ineffizient an den Arbeitspaketen gearbeitet. Kein Wunder, dass die meisten Projektteams wegen der teilweise katastrophal ineffizienten Meetingkultur total frustriert sind.

Warum tut keiner was dagegen? Weil kaum einer weiß, wie. Dabei ist erste Hilfe so einfach. Sie lässt sich in einem Wort beschreiben: Moderationstechnik.

Überlegen Sie mal, wie kraftraubend Fußball oder Tennis ohne Technik ist: Man muss alles mit Kraft machen und die mangelnde Technik mit doppeltem Einsatz wettmachen. Das kommt Ihnen bekannt vor? Gewiss, so laufen nämlich die meisten Meetings ab: kraftraubend, aber ohne entsprechende Ergebnisse.

Meetings ohne Moderationstechnik sind Amateurveranstaltungen.

Kein Ingenieur, der etwas taugt, würde einen Amateur seine Konstruktionszeichnungen machen lassen. Doch bei der Meetingmoderation lässt man die Amateure ran. Das passt nicht zusammen.

Nutzen und Neigung

Sie wissen oder ahnen, dass Ihre Meetings ineffizient sind. Aber wissen Sie auch, wie ineffizient sie sind? Im Durchschnitt gehen 10 bis 20 Prozent der Arbeitszeit in einem Projekt für Meetings drauf. Rechnen Sie die entsprechende absolute Stundenzahl mal für Ihr aktuelles Projekt hoch. Sie haben einen Schreck bekommen? Das ist die einzig gesunde Reaktion darauf. Stellen Sie sich vor, diese Stundenzahl zu halbieren – das ergibt einen Riesenbetrag gesparter Zeit.

Die Halbierung ist ein realistisches Ziel bei Einsatz professioneller Moderationstechnik. Viele Projektmanager schaffen eine Reduktion der Meetingzeit auf ein Drittel – bei gleichzeitiger drastischer Verbesserung der Meetingergebnisse. Stellen Sie sich nur mal vor, was Sie mit dieser gewonnenen Zeit alles anfangen können! Verlockende Aussichten? Gewiss. Warum moderieren dann nur so wenige Projektmanager tatsächlich mit professioneller Technik? Häufigster Einwand: «Ich traue mich nicht, so etwas bei uns einzusetzen.»

Warum nicht? Weil die Meetingkultur in vielen, selbst in High-Tech-Unternehmen, überholt ist. Es fehlt am nötigsten Handwerkszeug. In vielen, wenn nicht den meisten Sitzungsräumen findet man weder Flipchart noch Pinwand. An den Wänden ist kein Platz und keine Vorrichtung, um Flips oder Plakate aufzuhängen – dort hängen Kupferstiche von seltenen Blumen. Weil man mit Kupferstichen so hervorragend Projektprobleme visualisieren kann. Solche Sitzungsräume sind nicht dafür gedacht, dass man darin arbeitet. Sie dienen der Selbstbeweihräucherung. Ein Unternehmen mit netten Bildern an der Wand verdient eine Projekt-Flopquote von 75 Prozent. Oder wie ein Projektberater unlängst sarkastisch formulierte: «Was das Projektmanagement eines Unternehmens taugt, sehe ich schon an den Meetingräumen.»

Spricht man die Topmanager auf diese mittelalterlichen Zustände an, kommt nicht selten die überraschende Erklärung: «Aber warum? Wir arbeiten sehr gut in diesem Raum.» Wie? So: Der Geschäftsführer diktiert, alle anderen schreiben mit, gehen aus der Sitzung und wissen danach nicht, wer, was bis wann wozu zu machen hat. Warum? Weil hier jemand einen grundlegenden Zusammenhang nicht erkannt hat:

Wer diktiert, macht Meetings ineffizient.

Sie haben die Wahl: Wollen Sie sich von so einer Unkultur unterkriegen lassen? Oder wollen Sie wenigstens in Ihrem Team eine effiziente Meetingkultur? Ist das überhaupt möglich? Ja: Sie können die Meetingeffizienz in Ihrem Team problemlos und vollständig von der Ineffizienz im Restunternehmen abkoppeln.

Sie benötigen dazu recht wenig: Flipchart, Pinwand, ein paar Stifte und den nötigen technischen Sachverstand. Um Letzteren kümmern wir uns jetzt.

Vorbeugende erste Hilfe

Wenn ein Meeting seine angesetzte Zeit überzieht und/oder unbefriedigende Ergebnisse erzielt, ist der Unfall schon passiert. Cleverer, als nach einem Unfall erste Hilfe zu leisten, ist es, den Unfall zu verhindern. Meetings werden nicht erst im, sondern immer schon vor dem Meeting ineffizient.

Die übliche Vorgehensweise im Meeting ist, am vereinbarten Termin zusammenzukommen und einfach so drauflos zu reden: Was läuft gerade? Wo gibts Probleme? Worüber müssen wir reden? Dieses Vorgehen ist extrem unfallgefährlich, weil es auf jede Vorbereitung verzichtet. Damit sind Effizienzunfälle geradezu vorprogrammiert. Fehlt die Struktur, fehlt die Effizienz. Bringen Sie Struktur in Ihr Meeting. Bereiten Sie Ihr Meeting vor. Sie benötigen dafür lediglich zehn Punkte:

Die zehn Gebote der Meetingvorbereitung

1. Terminieren Sie das Meeting drei bis fünf Wochen voraus. Damit jeder noch Platz in seinem Terminplaner findet und Sie noch einen freien Meetingraum bekommen. Am besten terminieren Sie sämtliche Status-Meetings fürs komplette Projekt in einem Aufwasch.

2. Verschicken Sie fünf, spätestens drei Tage vor dem Termin die Einladung. Tun Sie das nicht, können Sie nicht erwarten, dass die Teilnehmer vorbereitet kommen.

3. Schreiben Sie in die Einladung den Anlass des Meetings (sonst fehlen automatisch einige Teilnehmer), wer daran teilnehmen wird und natürlich Ort und Zeit.

4. Fügen Sie hinzu, um welche Art Meeting es sich handelt. Geht es um die Frage: Wo stehen wir? Dann ist es ein Status-Meeting. Welche Probleme müssen wir klären? Problemlösungsmeeting. Geht es nur um Information? Informationsmeeting. Wer nicht weiß, welche Art Meeting er besucht, kann sich nicht richtig vorbereiten.

5. Schreiben Sie in die Einladung, was das Ziel des Meetings ist und was am Ende herauskommen soll.

6. Schreiben Sie die vorab feststehenden TOP (Tagesordnungspunkte, falls das wirklich jemand nicht weiß) in die Einladung und wer jeweils dafür zuständig ist – sonst bereitet sich der Betreffende womöglich nicht vor.

7. Schreiben Sie dazu gleich eine grobe Zeitvorgabe pro TOP – sonst läuft das Meeting so aus dem Ruder, wie es eben üblicherweise aus dem Ruder läuft.

8. Schreiben Sie dazu, was Sie pro TOP von einzelnen Teilnehmern erwarten – sonst können diese sich nicht vorbereiten.

9. Fügen Sie hinzu, was für Ihr aktuelles Projekt und die aktuelle Sitzung noch wichtig für die individuelle Vorbereitung der Teilnehmer ist.

10. Vergewissern Sie sich, dass der Sitzungsraum frei, alle Moderationsmittel vorhanden und funktionsfähig (Stifte trocken?, Flippapier aus?) sind.

Ineffizient ist nicht dumm

Aus der obigen Gebotstafel ergeben sich einige interessante Schlussfolgerungen:

- Kommt ein Teilnehmer unvorbereitet ins Meeting, ist nicht er, sondern meist der Moderator und Einladende schuld.

- Klagen Sie nicht über schlecht vorbereitete Teilnehmer, tun Sie etwas dagegen.

- Wer schlecht vorbereitet ist, ist nicht faul oder verantwortungslos, sondern wurde meist nicht ausreichend vom Moderator unterstützt.

- Bei vielen Meetings kommt nur deshalb wenig heraus, weil von Anfang an überhaupt nicht klar ist, was herauskommen soll (siehe Gebot 4).

- Überziehen Meetings ihren Zeitrahmen, liegt das nicht an der Geschwätzigkeit der Teilnehmer, sondern meist daran, dass eine Zeitvorgabe pro TOP fehlt (siehe Gebot 6).

Erste Hilfe fürs erste Meeting

In Ihrem ersten Projektmeeting legen Sie den Grundstock für die Effizienz aller folgenden Meetings. Was Sie hier versäumen, können Sie später nur schwer wieder wettmachen.

Nehmen Sie sich im ersten Projektmeeting 60 bis 90 Minuten, um den Grundstock für die Effizienz aller folgenden Meetings zu legen.

Das ist eine Investition, die 90 Minuten kostet und in den Folgemeetings (mehr als) 90 Stunden spart. Das Erstmeeting ist daher das wichtigste Projektmeeting überhaupt.

In diesen ersten 90 Meetingminuten reden Sie nicht über Projektinhalte, sondern lediglich darüber, wie Meetings künftig ablaufen.

Konkret: Sie legen die Regeln fest. Und zwar gemeinsam. Tun Sie das solo, provozieren Sie eine Palastrevolte (was, nebenbei bemerkt, sehr ineffizient ist). Welche Regeln? Die häufigsten und nützlichsten zeigt die folgende Übersicht. Von diesen Regeln nehmen Sie jene, auf die sich Ihr Team einigen kann – und darüber hinaus jede andere Regel, die das Team vereinbart. Fragen Sie einfach: Was wollen wir sonst noch regeln? Wohlgemerkt: Sie können die Regeln während der Projektlaufzeit jederzeit gemeinsam ergänzen, streichen oder ändern, falls Regelungsbedarf auftritt (er wird auftreten). Haben Sie Ihre Regeln gemeinsam vereinbart, können Sie danach im Erstmeeting zu den eigentlichen Projektinhalten übergehen.

Zehn goldene Meetingregeln

1. Jede gemeinsam vereinbarte Regel wird gemeinsam eingehalten. Wir wachen alle über die Einhaltung der Regeln.
2. Regelverstöße ahnden wir folgendermaßen: ... (Was machen wir z.B. mit einem, der zu spät kommt? Sich nicht vorbereitet hat?) Alle Sanktionen werden von allen anerkannt.

3. Jeder kommt pünktlich und vorbereitet ins Meeting.
4. Wer verhindert ist, meldet sich spätestens drei Tage vorher beim Projektmanager ab.
5. Wir lassen uns gegenseitig aussprechen.
6. Keiner redet länger als zwei Minuten am Stück.
7. Wir erzählen keine Romane, sondern visualisieren mit Flipchart oder Pinwand.
8. Jeder trägt den nächsten Meetingtermin in seinen Kalender ein.
9. Wir werden nicht persönlich, sondern geben konstruktives Feedback.
10. Wir profilieren uns nicht selbst, sondern engagieren uns für den Erfolg des gemeinsamen Projektes.

Erste Hilfe für Folgemeetings

Haben Sie die Regeln (s. o.) vereinbart, können Sie danach oder einfach beim nächsten Meeting die eigentlichen Projektinhalte angehen. Sorgen Sie auch dabei für eine klare Struktur:

Struktur = Effizienz

1. Sie haben bereits vor dem Meeting die TOP auf ein Flipchart geschrieben. Fragen Sie nun: Welche zusätzlichen TOP werden vorgeschlagen? Und wie immer: Wie viel Zeit benötigen wir pro neuem TOP?
2. Fragen Sie weiter: In welcher Reihenfolge wollen wir die TOP durchnehmen? Falls darüber a priori kein Konsens besteht, lassen Sie abstimmen.
Ein schnelles und einfaches Abstimmungsverfahren ist die Punktwahl. Geben Sie jedem Teilnehmer drei bis fünf Klebepunkte, mit denen er seine Favoriten am Flipchart kennzeichnet. Jene TOP mit den meisten Punkten werden als Erste behandelt. Meist kommt bei diesem Verfahren eine ganz unerwartete Reihenfolge heraus. Und vor allem: Die

Teilnehmer arbeiten viel engagierter mit, weil sie sich nun voll für die Tagesordnung verantwortlich fühlen.

Wo ein Mensch mitmacht, dort fühlt er sich verantwortlich.

Wer nur zuhören darf, fühlt keine Verantwortung. Dieser Zusammenhang ist übrigens vielen Führungskräften unbekannt. Sie denken, Motivation hat etwas mit Boni und Incentives zu tun. Dabei können Sie sich das alles sparen, wenn die Leute Verantwortung übernehmen.

3. Addieren Sie danach die geplanten Zeiten pro TOP und erleben Sie eine Überraschung: Sie haben mehr TOP als Zeit! Wenn Sie diese Überraschung vor Meetingbeginn nicht erleben, erleben Sie sie am Meetingende, wenn das Meeting seine Zeit überzieht. Fragen Sie daher: Welche TOP behandeln wir heute nicht und setzen sie auf die Liste der offenen Punkte, die automatisch ins nächste Meeting geschoben wird?

4. Strukturieren Sie die Meetingzeit. Gehen Sie von 2,5 Stunden pro Meeting aus. Zwei Stunden davon sind effektive Arbeitszeit. Der Rest ist Effizienzpflege: Setzen Sie
   • 10 bis 15 Minuten für die eben skizzierten Punkte 1 bis 3 an.
   • die letzten 20 Minuten für eine Zusammenfassung an:
     Wer macht was bis wann mit welchem Ziel und wozu?
   • in diesen letzten Minuten auch den Meetingspiegel (s. u.) an.

5. Der Meetingspiegel. Effizienz ist nichts ohne Qualitätssicherung. Fragen Sie daher am Ende jedes Meetings: Wie zufrieden sind wir mit diesem Meeting? Sie können das standardisiert auf einem Formular oder an der Pinwand machen:

Der Meetingspiegel: Wie zufrieden sind Sie mit ...	++	+	−	− −
1) ... den Arbeitsergebnissen?				
2) ... dem Einsatz d. Arbeitstechniken?				
3) ... der Meetingmoderation?				
4) ... dem Arbeitsklima?				
5) ... der eigenen Beteiligung?				
6) Was wollen wir nächstes Mal anders machen?				

Wenn Sie diese Tabelle nicht einsetzen, wird es Ihnen passieren, dass vor allem bei den ersten Meetings, wo noch nicht alles so rundläuft, einzelne Teilnehmer auf Ihre Frage nach der Zufriedenheit unqualifiziert antworten: «Was solln der Quark?» «Ist doch alles Unfug!» Geben Sie deshalb lieber die Tabelle vor, damit auch Feedback-ungeübte Kollegen ihr diffuses Empfinden konstruktiv artikulieren können. Oder auf Deutsch: Es geht nicht, dass nach dem Meeting der Moderator «zur Schnecke» gemacht wird. Daher die Tabelle.

6. Wer moderiert, führt auch das Protokoll. Und zwar um Himmels willen kein Romanprotokoll nach dem Muster: «... danach drückte Herr Generaldirektor Meier seine Zufriedenheit darüber ...» Dass einige Leute immer noch so etwas abliefern (man nennt es Verlaufsprotokoll), liegt daran, dass gewisse Leute nie gelernt haben, wie man ein Protokoll schreibt.

Ein Protokoll ist ein Beschluss- und Ergebnisprotokoll.

Im Protokoll steht nur drin, was beschlossen wurde, und zwar nach der W-Formel: Was? Wer? Bis wann? Das ist nicht viel. Das passt locker auf ein, zwei Seiten. Deshalb wird ein Beschluss- und Ergebnisprotokoll auch gelesen und landet nicht wie das Verlaufsprotokoll im Papierkorb.

7. Solange sich ein Teilnehmer zu einem TOP äußert, behalten Sie als Moderator die Zeit im Auge. Fragen Sie den Teilnehmer daher vorab: Wie möchten Sie, dass ich Sie auf die Zeit aufmerksam mache? Jeder Teilnehmer hat so seine Vorlieben. Der eine möchte, dass Sie sich räuspern, wenn er noch zwei Minuten hat. Der andere, der weiß, dass er ausufert, möchte, dass Sie eine gelbe Karte hochhalten.

Merken Sie drei Minuten vor Ende der angesetzten TOP-Zeit, dass die Zeit nicht reicht, überziehen Sie nicht gezwungenermaßen und sitzen wie auf Kohlen, sondern fragen Sie: Wir werden voraussichtlich mit diesem TOP nicht in der vereinbarten Zeit fertig – sollen wir einfach an dieser Stelle abbrechen und den Punkt vertagen (s. o. Liste der offenen Punkte) oder sollen wir 15 Minuten verlängern? Fügen Sie auch sofort an: Wenn wir uns für die Verlängerung entscheiden, fällt der letzte TOP auf der Tagesordnung automatisch raus und kommt auf die Liste der offenen Punkte – ist das für alle akzeptabel?

Merken Sie etwas? Wenn Sie auf diese Weise alle Meetingteilnehmer in eine Entscheidung einbeziehen, sind niemals Sie als Projektmanager und Moderator der böse Bube, der alle anderen drangsaliert. Sie machen sich nicht unbeliebt, wie viele Moderationsanfänger befürchten. Denn die Mehrheit steht hinter Ihnen, wenn Sie ganz einfach abstimmen lassen.

Meetings sind am effizientesten, wenn einer steuert und alle die Verantwortung mittragen.

Das Meeting selbst ist sozusagen ein Mini-Projekt: Einer steuert, und alle machen mit. Das Mitmachen der Teilnehmer hat einen weiteren entscheidenden Vorteil: Sie müssen als Moderator nicht ständig gegen den Strom schwimmen. Davor fürchten sich die meisten Moderationsanfänger: «Das ist soo anstrengend, die Leute ständig an die Meetingdisziplin zu erinnern!» Wenn Sie die Teilnehmer selbst bestimmen lassen, strengt Moderation überhaupt nicht an.

Das ganze Geheimnis

Das wars schon. Mehr müssen Sie nicht wissen, um professionell zu moderieren. Das war das Wesentliche. Die nützlichen Details dazu werden Sie bei Ihren Moderationen selbst herausfinden. Das Basiswissen haben Sie jetzt dazu. Eine gute Moderation ist weder schwer noch schwierig.

Wenn Sie also wieder mal einen Kollegen über ineffiziente Meetings klagen hören, wissen Sie: Nicht die Meetings sind ineffizient, sondern der Kollege einfach zu bequem, um sich das bisschen Moderationskompetenz anzueignen. Das ist okay. Bequemlichkeit ist auch ein Nutzen. Welchen Nutzen wollen Sie? Bequemlichkeit oder Effizienz?

29. «Wir werden für Fehler bestraft, die wir nicht begangen haben!»

☎ **Das Problem:**
Wenn das Projekt floppt oder in Schwierigkeiten steckt, wird der Projektmanager an den Pranger gestellt – auch wenn er völlig unschuldig ist.

✚ **Die erste Hilfe:**
Nehmen Sie vorbeugend den Auftraggeber in die Pflicht.

Das Problem: Management by Blaming

Projekt X steckt in Schwierigkeiten. Was sagt das Topmanagement dazu? «Projektmanager Müller schafft das wieder nicht!» – «Der macht seinen Job nicht!» – «Der fährt das Projekt glatt an die Wand!» Dabei hat Projektmanager Müller überhaupt keine Schuld: Die IT-Abteilung des Unternehmens hat ihr vereinbartes Arbeitspaket nicht geliefert und damit das Projekt in die Bredouille geritten. Aber das sehen die Topmanager nicht. Sie geben die Schuld ganz einfach dem Projektmanager. In den USA nennt man das Management by Blaming (blaming – jemandem die Schuld geben).

Auch deshalb empfinden viele Projektmanager die Projektarbeit als Krönung der Ungerechtigkeit. Daher kommen die zynischen Sprüche wie: «Wenn bei uns ein Projekt gestartet wird, macht man zuerst nicht eine Risiko-Analyse und Grobplanung – sondern die da oben suchen sich erst mal einen Schuldigen aus, dem sie nachher alles in die Schuhe schieben können.» Auch deshalb meldet sich in vielen Unternehmen inzwischen kein vernünftiger Mitarbeiter mehr freiwillig als Projektleiter. Wer gibt sich schon gerne als Sündenbock her?

Natürlich gibt es Unternehmen, in denen die Topmanager die Zusammenhänge im Projekt erkennen und sehr wohl trennen können zwischen dem, was der Projektmanager zu verantworten hat und dem, was eben nicht seine Schuld ist. Doch diese Unternehmen sind nicht das Problem.

Wenn der Auftraggeber das Projekt im Stich lässt, wenn Teammitglieder abgezogen und das Budget gekürzt wird, wenn ein Lieferant den letzten Salat liefert – all das interessiert «die da oben» nicht, solange sie es dem Sündenbock in die Schuhe schieben können. Auch deshalb werden Projekte inzwischen von vielen Mitarbeitern als Karrierekiller betrachtet. Es liegt auf der Hand, dass man sich mit Management by Blaming innerhalb weniger Jahre das eigene Projektmanagement kaputtmanagt, die High Potentials verheizt und die Projektqualität immer schlechter wird. Doch das ist ein Problem des Topmanagements. Wir kümmern uns hier um die Projektmanager. Was können Sie tun?

Der Holzweg: Resignation und Zynismus

Wie reagieren die meisten Projektmanager auf Projektmanagement by Blaming? Sie reagieren frustriert, schlucken die Ungerechtigkeit herunter, beklagen sich über die mittelalterlichen Zustände und resignieren: «So ist das eben. So läuft das halt bei uns.» Sie flüchten sich in Zynismus und sarkastische Sprüche wie: «Die sechs Phasen des Projektmanagements lauten bei uns: Euphorie – Ernüchterung – Panik – Bestrafung der Unschuldigen – Auszeichnung der Unbeteiligten – Vernichtung aller noch brauchbaren Unterlagen.» Oder: «Wenn einer die ganze Arbeit macht und die anderen dafür die Lorbeeren ernten, nennt man das bei uns Projektmanagement.»

Diese Reaktionen sind verständlich. Sind sie auch effektiv? Bringen sie etwas? Sie bringen einen schwachen Trost – doch sie können nicht verhindern, dass beim nächsten Mal wieder der Kopf des Projektmanagers rollt, wenn ein anderer Mist gebaut hat. Genau das sollte eine gute Erste-Hilfe-Maßnahme jedoch verhindern.

Erste Hilfe: Auftraggeber ins Boot holen

Eine erste Hilfe gibt es eigentlich nicht, wenn bereits der Kopf des Projektmanagers gerollt ist. Die beste erste Hilfe ist daher die Vorbeugung: Lassen Sie es erst gar nicht bis zum Schafott kommen.

Lernen Sie aus der schmerzhaften Erfahrung und tun Sie alles, damit Blaming bei Ihrem nächsten Projekt nicht mehr vorkommt. Bevor Sie das nächste Projekt starten, regeln Sie mit dem Auftraggeber: «Bei diesem Projekt werden wir mit x Abteilungen kooperieren. Wie gehen wir vor, wenn eine davon ihre Arbeitspakete nicht wie vereinbart abliefert? Habe ich als Projektmanager in diesem Fall Entscheidungskompetenz? Wie möchten Sie, dass ich in so einem Falle vorgehe?»

Damit holen Sie von Anfang an Ihren Auftraggeber ins Boot und nehmen ihn in die Pflicht. Dass so viele Auftraggeber ihre Pflichten bei der Projektarbeit nicht wahrnehmen, liegt nämlich nur zu einem Teil daran, dass sie sich im Projektmanagement nicht auskennen. Es liegt auch daran, dass zu viele Projektmanager sie nicht in die Pflicht nehmen und denken, der Auftraggeber weiß schon von selbst, was er zu tun hat. Das weiß er in der Regel eben nicht.

Wie reagieren Auftraggeber auf diesen Wink mit dem Zaunpfahl? Die guten unter ihnen reagieren ausgesprochen positiv und sagen das auch: «Endlich ein Projektmanager, der mich informiert und einbindet und nicht vor sich hinwurschtelt.» Schlechte Auftraggeber fühlen sich ertappt und reagieren negativ. Das ist immer ein Hinweis auf eine tiefer gehende Führungsschwäche. Langfristig hilft da meist nur eines: Trennen Sie sich von so einem Auftraggeber. Das heißt: Nehmen Sie von ihm keine Projekte mehr an, wechseln Sie mittelfristig die Abteilung oder langfristig das Unternehmen. Zugegeben, das ist nicht leicht. Doch den Sündenbock zu spielen, ist nicht leichter, oder?

Diese frühe Absprache mit dem Auftraggeber ist Ihr Rettungsanker, Ihre Schwimmweste in Seenot. Kommt Ihr Projekt tatsächlich in Schwierigkeiten, die außerhalb Ihrer Verantwortung liegen, können Sie sich auf diese Vereinbarung berufen: «Wir hatten ganz zu Beginn vereinbart, dass

Sie …» Doch meist kommt es nicht so weit. Wenn Sie mit einem Auftraggeber eine Vereinbarung treffen, dann hält er sich auch daran – wenn Sie ihn im Notfall drei- bis viermal daran erinnern.

Erste Hilfe bei schweren Unfällen

In seltenen Fällen kommt es zu schweren bis sehr schweren Blaming-Unfällen in Projekten. Sie haben zwar eine klare Regelung mit Ihrem Auftraggeber getroffen, doch er hält sich auch nach einem halben Dutzend Aufforderungen Ihrerseits nicht daran. Entweder er drückt sich oder er findet einfach keinen freien Termin, an dem er mit Ihnen reden kann. Was können Sie tun? Klagen Sie nicht, geben Sie Feedback.

Checkliste: Feedback in Notlagen

- Sie können sagen oder als Nachricht hinterlegen: «Ich brauche ganz dringend Ihre Hilfe, kann Sie aber nicht erreichen. Es dreht sich um folgendes Thema … Es gibt da mehrere Möglichkeiten, die wir erörtern sollten …»
- Sagen Sie ganz genau, was Sie von ihm erwarten: «Ich brauche Ihre Entscheidung, ob wir nun …»
- Zeigen Sie die Konsequenzen auf, die eintreten, wenn er nicht tut, was er tun soll: «Wir brauchen die Entscheidung bis Donnerstag. Andernfalls verzögert sich das Projekt um sechs Wochen, weil wir erst wieder in sechs Wochen freie Kapazitäten in der Einzelfertigung bekommen.»

Achten Sie insbesondere darauf, dass Sie Konsequenzen aufzeigen, und keine Vorwürfe erheben. Das eine kommt beim Auftraggeber an, das andere provoziert ihn. Sagen Sie also nicht: «Wenn Sie die Entscheidung nicht bis Donnerstag treffen, verzögert sich das Projekt um sechs Wochen.» Haben

Sie es bemerkt? Das ist eine Sie-Botschaft. Und Sie-Botschaften, das wissen wir aus dem Kommunikationsseminar, provozieren.

Was können Sie tun, wenn der Auftraggeber Ihnen immer und immer wieder durch die Finger schlüpft? Nur eines: dranbleiben! Denn im Grunde sieht die Sache so aus: Sie können ihn «entkommen» lassen oder Sie bleiben einfach dran. Natürlich ist es nicht schön, dass ein Auftraggeber sich einfach so leicht aus seiner Verantwortung stehlen kann. Doch was nützt Ihnen dieser Gedanke? Nichts. Also bleiben Sie dran. Das wird belohnt. Denn wenn Sie ihn jetzt entkommen lassen, wird er sich noch weniger verantwortlich fürs Projekt fühlen.

Man hat immer den Auftraggeber, den man sich erzieht.

Dranbleiben fällt beim ersten Mal natürlich schwer. Doch es wird immer leichter, weil der Auftraggeber dabei lernt, dass für seine Projekte eben nicht immer nur seine Projektmanager, sondern auch er selbst verantwortlich ist.

Die Führung Ihres Auftraggebers gehört mit zu Ihrem Projekt.

Selbst wenn Dranbleiben tatsächlich einmal nichts bringen sollte – was selten passiert – haben Sie damit etwas erreicht: Kein Auftraggeber der Welt kann Ihnen danach vorwerfen, Sie hätten das Projekt an die Wand gefahren. Denn Sie können mit voller Überzeugung sagen: «Wir haben noch folgende Sofortmaßnahmen eingeleitet: … Doch die Terminverzögerung konnten wir nicht mehr aufhalten, weil uns an dieser Stelle eben die besagte Entscheidung fehlte.»

Die Voraussetzungen für erste Hilfe

Die Erste-Hilfe-Maßnahmen bei Blaming-Unfällen leuchten allen Projektmanagern ein. Doch viele trauen sich nicht, diese erste Hilfe zu leisten. Warum nicht? Weil sie sich vor dem Auftraggeber fürchten.

Dazu kann ich nur eines sagen: Wer sich nicht traut, seinem Auftraggeber politisch korrektes Feedback zu geben, hat ein berufliches Problem. Meist lässt sich dieses Problem mit etwas Übung und durch eine Stärkung des Selbstwertgefühls in Training oder Coaching relativ schnell beheben.

Viele Projektmanager konzentrieren sich auch zu sehr auf die fachliche Seite ihres Projektes und fühlen sich einfach irritiert davon, dass der Auftraggeber sie hängen lässt. Diesen muss ich ganz klar sagen:

Zu einem Projekt gehört nicht nur die fachliche Seite, sondern auch die Pflicht, seinen eigenen Auftraggeber zu führen.

Die fachliche Seite ist der erste Job in einem Projekt. Seinen Auftraggeber zu führen, der zweite. Wenn Sie den zweiten Job nicht erledigen, können Sie auch nicht den ersten gut erledigen.

Wer für Fehler bestraft wird, die er nicht begangen hat, hat es einfach versäumt, seinen Auftraggeber richtig zu informieren und an ihm dranzubleiben. Merke: Man macht es immer nur mit jenen, die es mit sich machen lassen. Bei Ihrer eigentlichen, normalen Arbeit können Sie möglicherweise im stillen Kämmerlein vor sich hinarbeiten. Im Projekt müssen Sie jedoch ständig den Auftraggeber informieren und führen. Das gehört zum Projekt!

30. «Unser Chef funkt ständig dazwischen!»

☎ **Das Problem:**

Von Auftraggebern wird erwartet, dass sie ein Projekt unterstützen. Manchmal unterlassen sie das nicht nur (s. Kapitel 27), sie behindern das Projekt sogar aktiv.

✛ **Die erste Hilfe:**

Feedback über Konsequenzen, Einwandsbehandlung und Verhandeln.

Das Problem: Sabotierende Chefs

Wohlgemerkt: Es gibt kaum einen Auftraggeber, Topmanager oder Vorgesetzten, der ein Projekt absichtlich sabotierte. Leider kommt die Sabotage auch ohne Vorsatz und in bester Absicht zustande.

Nach der ersten Halbzeit eines Arbeitspaketes zeichnet sich dank der Vereinbarung von Zwischenterminen (s. Kapitel 5) ab, dass das Arbeitspaket seinen Endtermin überschreiten wird und das Team auch nicht aus eigener Kraft ausgleichen kann. Als der Projektmanager dies seinem Auftraggeber meldet, meint dieser: «Aber das können Sie jetzt doch noch gar nicht absehen! Warten Sie erst mal ab, wie sich das entwickelt!» Mit diesen wenigen Worten zerstört er auf einen Streich das mühsam aufgebaute Frühwarnsystem – und bemerkt das noch nicht einmal.

Ein Projektmanager bekommt ein «ultrawichtiges» Projekt aufgetragen. Als er fragt, welche weniger wichtigen Projekte er dafür zurückstellen darf, sagt man ihm: «Keines! Die sind alle gleich wichtig!» Damit wird das Multi-Projektmanagement praktisch abgeschafft.

Weil es beim Tagesgeschäft brennt, werden hektisch Teammitglieder abgezogen. Der zuständige Projektmanager kann noch so eindringlich darauf hinweisen, dass damit der Endtermin des Projektes gefährdet wird, das hilft alles nichts. Doch als es dann tatsächlich zur Terminüberschreitung kommt, wird natürlich er dafür verantwortlich gemacht.

Das kennen wir alle. Die Beispiele ließen sich endlos fortsetzen. Sicher kennen auch Sie einige knackige Beispiele für «Projektsabotage von oben». Was können Sie tun?

Holzwege: Resignation und Projektkoller

Die blanke Resignation ist bei Sabotageakten von oben natürlich immer eine Option. Man betrachtet verzweifelt, wie die Sabotage die eigenen Bemühungen zunichte macht und kann dann nur noch, wenn es tatsächlich zum Schlimmsten kommt, resigniert sagen: «Ich habs euch ja gesagt, dass das nicht gutgehen kann!» Resignation ist jedoch keine empfehlenswerte Option, weil sie auf Ihre Kosten geht, dem Projekt schadet und weil sie den unfreiwilligen Saboteuren die falsche Botschaft gibt, nämlich: «Mit dem kann mans ja machen!»

Der andere Holzweg ist die emotionale Rückmeldung: «Wie stellen Sie sich das denn vor? So geht das aber nicht! Wie soll man denn unter diesen Umständen arbeiten können!» Damit handeln Sie sich lediglich eine verbale Abfuhr ein.

Natürlich sind beide Holzwege verlockend. Sie sind es deshalb, weil nach Sabotageakten jeder anständige Projektmanager emotional sehr aufgewühlt ist. Da bemüht man sich wirklich nach besten Kräften und der eigene Auftraggeber fällt einem derart in den Rücken! Das ist nicht nur fachlich bedenklich, das ist auch menschlich zutiefst enttäuschend. Lassen Sie sich nicht von Ihren Emotionen überwältigen.

So viel EQ, so viel emotionale Intelligenz braucht man als Projektmanager, um sich nicht von solchen hoch emotionalen Situationen ins Boxhorn jagen zu lassen, sondern kühl und überlegt erste Hilfe zu leisten.

Erste Hilfe: Feedback über Konsequenzen

Sie kennen diese Erste-Hilfe-Maßnahme bereits aus vielen vorangegangenen Kapiteln. Sie ist die Erste-Hilfe-Maßnahme schlechthin bei der Projektarbeit: Feedback geben, und zwar Feedback über Konsequenzen.

Natürlich fällt es schwer, direkt nach einem Sabotageakt ganz sachlich Feedback zu geben – doch so viel emotionale Kompetenz muss ein guter Projektmanager eben aufbringen. Gerade weil die Situation auf beiden Seiten sehr emotional ist, empfiehlt es sich auch nicht, gleich mit der Tür ins Haus zu fallen: «Mit dieser Budgetkürzung halbieren wir zugleich unser Leistungsprofil!»

Spenden Sie zuerst Anerkennung, zeigen Sie Verständnis.

Ein Projektmanager, dem man ein Teammitglied abgezogen hatte, weil es in der Linie mal wieder brannte, sagte dem zuständigen Vorgesetzten: «Ich weiß, dass Sie gerade große Probleme in der Konstruktion haben. Unter diesen Umständen finde ich es sogar toll, dass sie nur einen unserer Konstrukteure abgezogen haben.» Der Vorgesetzte reagierte überrascht. Er hatte erwartet, dass der Projektmanager entweder resigniert schluckt oder ihm die Hölle heiß macht. Stattdessen zeigte er Verständnis und lobte den Vorgesetzten sogar (Lob erfahren Vorgesetzte noch viel seltener als Mitarbeiter). Deshalb war der Vorgesetzte so vom Projektmanager eingenommen, dass er später mit sich reden ließ.

Nachdem Sie Verständnis gezeigt und vielleicht etwas Anerkennung gegeben haben, zeigen Sie die Konsequenzen des Eingriffs von oben auf. Ganz sachlich, ohne jeden Vorwurf. Das fällt schwer, ist aber machbar.

«Ich weiß, dass Sie gerade jeden Konstrukteur brauchen, den Sie kriegen können. Leider verzögert sich dadurch unser Projekt um einige kritische Tage. Und weil wir die Konstruktion nicht rechtzeitig fertig bekommen, kriegen wir das Testlabor erst wieder im nächsten Quartal. Das heißt, zur Frühjahrsmesse schaffen wir es nicht mehr und das wiederum heißt, dass sich unser Markteintritt um ein komplettes Jahr verschiebt!»

Dieses geduldige Aufzeigen von Konsequenzen hat sehr viel mehr Wirkung, als wenn Sie sagen: «Sie können doch nicht einfach so unsere Konstrukteure abziehen! Das bricht uns das Genick!» Denn darunter kann sich ein unfreiwillig sabotierender Vorgesetzter nichts Konkretes vorstellen.

Je einleuchtender, plastischer und konkreter Sie die Konsequenzen aufzeigen, desto eher lassen Vorgesetzte mit sich reden.

Wichtig bei Ihrem Feedback ist auch: Dranbleiben! Wenn ein Vorgesetzter unfreiwillig sabotiert, befindet er sich oft selbst in einer Zwangslage. Deshalb hört er nur mit halbem Ohr zu, wenn Sie ihm Feedback geben. Also wiederholen Sie Ihr Feedback einfach bei jeder sich bietenden Gelegenheit. Steter Tropfen höhlt den Stein. Daran sieht der Manager auch: Es ist Ihnen wichtig. Bezeichnenderweise ist diese Einsicht oft stärker ausschlaggebend für den Vorgesetzten als alle sachlichen Konsequenzen.

Selbst wenn Sie mit Ihrem Dranbleiben nichts erreichen – was wirklich selten passiert – haben Sie damit eines erreicht: Hinterher kann Ihnen keiner einen Vorwurf machen. Wenn das Projekt tatsächlich unter seinen Zielen ankommt, können Sie darauf verweisen: «Ich habe lange genug und früh genug davor gewarnt.» Meist müssen Sie das noch nicht einmal sagen, weil jeder sich nur zu gut daran erinnern kann, dass Sie ständig vor dem gewarnt haben, was jetzt tatsächlich eingetreten ist.

Erste Hilfe bei MD-Projekten

Betrachten wir einen Spezialfall der Projektsabotage, der im Management Development (MD) relativ häufig auftritt: Ein Jungmanager bekommt im Rahmen seines Management-Entwicklungsprogramms ein Projekt aufgetragen. Zusätzlich zu seinem Zwölfstunden-Arbeitstag setzt er also täglich noch zwei Stunden fürs Projekt dran. Als er stolz das Projektergebnis präsentiert, verschwindet es sang- und klanglos in der Schublade seines Vorgesetzten. Der Jungmanager ist konsterniert.

Leider ist dieses Vorgehen beinahe schon die Regel in (schlechten) MD-Programmen. Daher können die Erste-Hilfe-Maßnahmen nur lauten:

Finden Sie durch Nachfragen bei älteren Semestern heraus, was mit den Projekten nach deren Abschluss passiert.

Ist das Los der Projektergebnisse die Schublade, machen Sie Projektmanagement nach dem Minimax-Prinzip: Minimaler Input bei maximalem Output. Eben gerade so viel wie nötig, aber so wenig wie möglich reinstecken.

Wenn Sie die Erkenntnis gewinnen, dass in diesem Unternehmen kein Wert auf motivierte Führungskräfte gelegt wird – bleibt Ihnen überlassen, welche Konsequenzen Sie daraus ziehen.

31. «Wie geht eigentlich ein Kick-off?»

☎ **Das Problem:**
Ob ein Projekt erfolgreich ist, hängt wesentlich von seinem Start ab. Das wissen die meisten Projektmanager. Leider wissen die wenigsten, wie ein Kick-off abläuft.

✛ **Die erste Hilfe:**
Kick-off in 7 Schritten.

Das Problem: Keiner weiß, wies geht

Bei den weitaus meisten Projekten kommt es bereits zum Projektunfall, noch bevor das Projekt richtig begonnen hat. Das Unglaubliche an diesem Unfall: Die meisten Projektmanager bemerken ihn noch nicht einmal oder erst gegen Mitte des Projekts, so dass plötzlich wie aus dem Nichts viele Probleme auftauchen:

Was man beim Projektstart versäumt, rächt sich mitten im Projekt meist mit gravierenden Folgen. Diese Erkenntnis hat sich inzwischen herumgesprochen. Sie steht übrigens auch in jedem PM-Lehrbuch. Deshalb weiß jeder halbwegs belesene Projektmanager:

So simpel diese erste Hilfe anmutet, die meisten Projektmanager schlagen sie aus. Das ist einigermaßen erstaunlich.

Die erstaunlichen Kick-off-Holzwege

Die Argumente für einen Kick-off sind überzeugend. In vielen Lehrbüchern findet sich der Vergleich: Stellen Sie sich vor, Sie fliegen in den Urlaub – ohne vorher die Koffer gepackt zu haben! Das geht nicht lange gut. Sie werden sehr schnell bemerken, dass Sie eine Menge vergessen haben. Irgendwie ist auch allen Projektmanagern klar, dass man ohne Vorbereitung kein Projekt anpacken sollte. Trotzdem sind das Erste, was man zum Thema Kick-off zu hören bekommt, Ausreden: «Dafür haben wir nicht auch noch Zeit!» – «Wir legen erst mal los. Die Details regeln wir nach und nach.» – «Unser Chef sieht es nicht gerne, wenn wir einen halben Tag für so etwas vergeuden.» – «Wozu ein Kick-off? Wir kennen uns doch alle und wissen auch alle, worums geht!»

Was sind die Konsequenzen? Nun, zunächst scheint der Verzicht keine Konsequenzen zu haben – das ist ja das Gefährliche und Verführerische daran. Zunächst geht alles glatt. Meist merkt man bis zur Projektmitte überhaupt nichts, oft sogar bis kurz vor Projektende. Doch dann kommt das böse Erwachen.

Der Kick-off ist eines der am meisten unterschätzten PM-Instrumente. Erfahrene Projektmanager halten ihn sogar für das wichtigste Element der Projektarbeit überhaupt. Warum, müsste eigentlich jedem klar sein, der sich den Projektablauf durch den Kopf gehen lässt. Wenn nicht vor Beginn eines Projektes das komplette Projektteam zusammenkommt und die grundlegendsten Dinge klärt

* wird später im Projekt eine Menge Doppelarbeit gemacht, weil nie abgestimmt wurde, wer genau was und was nicht macht und wo die Schnittstellen zwischen den Arbeitspaketen liegen;
* läuft jedes Teammitglied in eine andere Richtung, weil die Projektziele niemals abgeklärt wurden und daher jeder glaubt, sein Verständnis der Ziele sei das richtige;
* kommt es im Projekt ständig zu Streitereien, weil jeder seine Meinung durchsetzen will, da nie eine klare Linie festgelegt wurde;

- ufern die Meetings aus, weil man immer wieder über dieselben Themen reden muss, da sie nie richtig geregelt wurden.

Beim Fußball ist es völlig klar, dass man eine Mannschaftsbesprechung vor einem Match abhält. Tut man das nicht, denkt unter Umständen das Mittelfeld «Wir müssen mauern!», während der Sturm denkt: «Wir müssen bedingungslos stürmen!» Ohne Mannschaftsbesprechung ist Teamarbeit nicht möglich, ebenso wenig wie eine Teamsteuerung. Alles läuft aus dem Ruder. Genau das passiert derzeit in den meisten Projekten. Doch nur die Wenigsten wissen, woran das liegt. Um es hart zu formulieren:

Ohne Kick-off verurteilen Sie Ihr Projekt zum Misserfolg, wenn nicht zum Scheitern.

Erste Hilfe: Kick-off in 7 Schritten

Die Erste Hilfe beim Kick-off ist denkbar simpel: Sie müssen es einfach nur tun! Der Kick-off selbst ist eine leichte Übung. Sie müssen sich einfach nur einen Ruck geben und die Sache durchziehen:

1. Erheben Sie die Erwartungen und Erfahrungen.

Welche Projekterfahrung haben Ihre Teammitglieder? Welche Erwartungen hegen sie ans Projekt? Dabei erleben Sie nicht selten die ersten Überraschungen: Einige Teammitglieder haben viel weniger Erfahrung, als Ihnen versprochen wurde, einige haben viel mehr, als Sie erwartet hatten. Es ist nützlich, dies zu wissen, bevor Sie die Arbeitspakete verteilen und möglicherweise einige Teammitglieder so überfordern, dass das Arbeitspaket baden geht.

Außerdem erfahren Sie bei dieser Abklärung meist, dass einige Teammitglieder völlig abwegige Erwartungen an Ihr Projekt haben, weil sie möglicherweise im Vorfeld falsch informiert wurden oder etwas ins Projekt hineininterpretieren, was nicht zutrifft. Bringen Sie diese Erwartungen von Anfang an auf den Boden der Tatsachen zurück, können sie später bei der Ausführung der Arbeitspakete nicht zu den bekannten Fehlleistungen führen, die immer damit entschuldigt werden: «Aber ich dachte, wir sollten ...» Das denkt ein Teammitglied eben nicht, wenn Sie seine Erwartungen beim Projektstart abklären.

2. Klären Sie das Projektziel.

Dieser Schritt ist so selbstverständlich, dass ihn die meisten vergessen. Dies führt dazu, dass einige im Team in die eine Richtung arbeiten, während andere in eine andere Richtung arbeiten. Mitten im Projekt kommt es dann zum Riesenkrach: «Wir brauchen einen innovativeren Ansatz!» «Wieso? Wir dachten immer, es geht um Betriebssicherheit, nicht um Innovation!» Solche Augenblicke der Wahrheit sind für alle Beteiligten superpeinlich, weil schlagartig klar wird, dass große Teile des Teams wochen-, wenn nicht monatelang für die Katz gearbeitet haben.

Betreiben Sie diese Zielklärung so exakt wie möglich: Was genau wird von uns erwartet? Mit welchen Zielgrößen wird das gemessen? Nach dieser Zielklärung sagen einige Teammitglieder ganz bestimmt: «Ach? Das sind also unsere Ziele? Hätten wir nicht gedacht.» Klären Sie auch ab, was nicht von Ihnen erwartet wird, damit einige Teammitglieder nicht ihre Extrawürste braten und Steckenpferde reiten, bloß weil sie meinen, diese auch noch gut im Projekt unterbringen zu können.

Klären Sie bei dieser Zielklärung auch alle Unklarheiten ab. Das hört sich selbstverständlich an, wird aber so gut wie nie gemacht: «Entschuldigung, das habe ich immer noch nicht verstanden.» «Ja sind Sie denn blöd?» Nein, das Teammitglied hat lediglich keine zwei Wochen Grobplanung hinter sich wie der Projektmanager. Unerfahrene Projektmanager überschätzen ihr Team regelmäßig. Sie glauben, bloß weil da ein Dutzend Fachexperten sitzt, hat jeder alles verstanden. Das ist immer ein Irrtum. Auch ein Fachexperte versteht etwas erst, nachdem Sie ihm erklärt haben, worum es eigentlich geht. Nur so kann zielorientiert gearbeitet werden.

An diesem Punkt werden in Projekten jährlich Milliarden Euro verschleudert. Hier klafft eine riesige Effizienzgrube. Wie viel unnütze Arbeit und Parallelarbeit wird geleistet, nur weil die Teammitglieder nicht genau wissen, was die Projektziele sind! Ganz davon abgesehen, dass man ohne klare Ziele nicht motiviert arbeiten kann.

Teammitglieder berichten einhellig, dass ein gelungener Kick-off Schwung und Motivation fürs komplette Projekt liefert.

Damit ist der Kick-off entscheidender Faktor für die Projektproduktivität, an der ein Projektmanager gemessen wird. Gelingt der Projektstart, muss ein Projektmanager eben nicht, wie sonst üblich, ständig hinter seinen Teammitgliedern her sein und ihnen gut zureden. Ein gelungener Kick-off motiviert effektiver und länger, als das ein Projektmanager vermag.

3. Klären Sie das Vorgehen im Projekt.

Was sind die einzelnen Projektphasen, die Meilensteine, die Arbeitspakete? Verteilen Sie die Arbeitspakete (mit der 3-W-Delegation): Wer macht was bis wann? Wobei das «Was» heißt: Welches Ziel hat das Arbeitspaket und wie wird das gemessen? An dieser Stelle wird klar, warum so viele Projekte ineffizient sind und Probleme haben: Arbeitspakete werden meist nach dem Motto «Mach mal!» verteilt. Natürlich macht der Beauftragte mal – doch was dabei herauskommt, ist selten das, was erwartet wird. Warum? Weil nie ganz genau gesagt wurde, was überhaupt erwartet wird. Unerfahrene Projektmanager denken, dass dies der Beauftragte schon weiß – schließlich ist er Fachexperte auf seinem Gebiet! Das ist ein Irrtum. Also sagen Sies ihm so, dass er ein zufrieden stellendes Arbeitspaket-Ergebnis abliefern kann. Wenn Sie Ihrem Friseur nicht sagen, wie Sies haben möchten, weiß er es eben nicht.

4. Klären Sie die Projektorganisation:

Wer ist im übergeordneten Entscheiderkreis für das Projekt? Was genau macht der Projektmanager und was sicher nicht? Wie sind die Verantwortlichkeiten? Das heißt zum Beispiel: Wenn ein Teammitglied sein Arbeitspaket nicht schafft, kann es das nicht einfach kalt dem Projektmanager rückdelegieren nach dem Motto: «Mach du mal!» Auch das geschieht in vielen Projekten ständig. Weil es eben niemals klipp und klar und vor allem vor dem kompletten Team geregelt wurde. Was vor dem kompletten Team einstimmig beschlossen wird, daran hält sich auch jeder.

5. Regeln Sie die Abweichungssteuerung: Wie wollen Sie erkennen, ob das Projekt aus dem Ruder läuft?

Vereinbaren Sie dazu für alle Arbeitspakete Zwischentermine als Frühindikatoren für etwaige Abweichungen (siehe Kapitel 5). Terminieren Sie Status-Meetings. Sehen Sie zu, dass sich jedes Teammitglied diese Termine auch in den Taschenkalender oder Organizer einträgt. Klären Sie, wie auf diesen Meetings die Arbeitspakete präsentiert werden sollen. Also zum Beispiel: maximal zehn Minuten Präsentation pro Paket, keine Probleme ohne Lösungsvorschlag, visuelle Unterstützung ... Mit dieser simplen Regelung beim Kick-off verhindern Sie, dass auf Team-Meetings endlos geschwafelt wird oder einige Teammitglieder überhaupt nichts herausrücken.

6. Machen Sie eine Risiko-Analyse: Wo lauern Risiken auf uns?

Welche sind das genau? Was kann passieren? Wie können wir diese Risiken beseitigen, umgehen oder uns dagegen versichern? Es versteht sich von selbst, dass Sie die Ergebnisse dieser Risiko-Analyse schriftlich dokumentieren, damit Sie einen Aktionsplan in der Schublade haben, wenn ein analysiertes Risiko tatsächlich auftreten sollte.

7. **Klären Sie die Regeln der Zusammenarbeit.**

Die wichtigsten Regelungen sind:
- Jeder, der ein Arbeitspaket bekommt, gibt unverzüglich Rückmeldung, ob das Paket zu schaffen ist. Das verhindert, dass ein Teammitglied schwer schluckt, nichts sagt und am ersten Zwischentermin zugibt, dass das Paket nicht zu schaffen ist – dann ist es zu spät.
- Jeder Arbeitspaket-Inhaber meldet unverzüglich, wenn sich eine Abweichung bei der Abwicklung seines Arbeitspaketes abzeichnet. Diese Regelung verhindert, dass der Projektmanager es, wie normalerweise üblich, als Letzter erfährt, wenn etwas schief läuft im Paket.
- Sanktionen: Was droht einem Teammitglied, das sich nicht an diese Regeln hält? Werden Sanktionen gemeinsam und einstimmig beschlossen, hält sich auch jeder an die getroffenen Vereinbarungen.
- Alle Teammitglieder erscheinen vorbereitet zu den Team-Meetings.

Ein korrekter Kick-off ist gar nicht so schwer, nicht wahr? Mit diesen sieben Punkten machen Sie Ihr Projekt steuerbar. Ohne Kick-off haben Sie kein Projektmanagement, sondern eine unverbindliche Veranstaltung. Eben das, was derzeit in den meisten Projekten abläuft.

Widerstände gegen erste Hilfe

So ein Kick-off ist keine große Sache. Die obigen sieben Punkte können von jedem halbwegs vernünftigen Menschen problemlos erledigt werden. Warum starten dann immer noch die meisten Projekte ohne Kick?

Dafür gibt es viele gute Gründe. Zum einen ist unsere westliche Kultur handlungsorientiert: Machen ist oberstes Gebot. In den asiatischen Industrienationen ist das ganz anders. Da wird zuerst gedacht, bevor gemacht wird. Wenn Sie gute, erfolgreiche Projektmanager beobachten, werden Sie feststellen, dass diese sich erfolgreich über diese kulturelle Behinderung hinwegsetzen und ihre eigene Projektkultur schaffen. Sie denken erst nach, bevor sie loslaufen. Sie machen einen Kick-off, auch wenn jedes Teammitglied zunächst darüber die Nase rümpft – spätestens nach einer Stunde sind die Teammitglieder überzeugt.

Ein zweiter Grund ist der innere Schweinehund. Da die meisten Projektmanager Ingenieure oder andere verdiente Fachexperten sind, ist für sie die Versuchung groß, sich sofort nach Auftragserteilung ans Tüfteln, Basteln und Konstruieren zu machen. Schließlich ist das ihr Job, ihre Berufung. Ein projektspezifisches Instrument wie der Kick-off passt nicht zu dieser Berufung. Er ist etwas Fremdes, Ungewohntes. Er erfordert, dass ein Ingenieur sich nicht nur als Ingenieur sieht und fühlt, sondern auch als Projektexperte. Diese Ergänzung des eigenen Selbstverständnisses fällt vielen Fachexperten sehr schwer. Ihr ganzes Leben haben sie sich als Ingenieur, Chemiker oder Physiker verstanden und definiert. Jetzt sollen sie plötzlich einen Kick-off abhalten? Das passt für viele nicht zusammen.

Ein dritter Grund für den Verzicht auf einen Kick-off ist die katastrophale Firmenkultur in vielen Unternehmen. Sie ist paradoxerweise in vielen Unternehmen extrem projektfeindlich. Deshalb ist das Burn-out-Risiko von Projektmanagern auch so exorbitant hoch. In Unternehmen, in denen die Topmanager viel von Projektmanagement verstehen, klopft man einem Projektmanager auf die Finger, wenn er sich anschickt, ein Projekt ohne Kick-off zu starten. In den meisten Unternehmen ist es dagegen umgekehrt: Da wird ein Projektmanager von oben gerüffelt, wenn er korrektes Projektmanagement macht und einen Kick-off abhält. Oder wie ein Projektmanager es im Coaching einmal ausdrückte: «Unsere Geschäftsführung will erfolgreiche Projekte, aber sie will nicht, dass wir richtiges Projektmanagement machen. Das passt nicht zusammen – aber erklären Sie das mal jemandem, der nichts von Projektmanagement versteht.» Diese Verbitterung teilen inzwischen viele Projektmanager.

An besonders erfolgreichen Projektmanagern fällt auf, dass sie sich erfolgreich gegen diese Unkultur abgrenzen und innerhalb ihres Projektes eine eigene Erfolgskultur aufbauen. Oder wie einer der fünf erfolgreichsten Projektmanager eines Anlagenbauers meint: «Wie ich ein Projekt leite, ist meine Sache. Wenn ich mit einem Kick-off starte, kann der Konzerncontroller gerne kritisch dreinschauen – das juckt mich nicht. Ich sage ihm nicht, wie er seine Arbeit zu tun hat, also lasse ich mir auch nicht von ihm dreinreden.» So spricht ein Projektmanager mit einem gesunden Selbstvertrauen. Dieses Selbstvertrauen braucht ein Projektmanager auch, solange Firmenkultur und Management ihm gutes Projektmanagement verbieten wollen. Dieses Selbstvertrauen zahlt sich aus. Sie fühlen sich besser damit, Sie wissen, dass Sie eine gute Arbeit abliefert – und der Erfolg gibt Ihnen letztendlich recht.

32. «Die Leute lügen uns die Hucke voll!»

☎ **Das Problem:**

Sie werden nicht unterstützt, sondern angelogen.

✚ Die erste Hilfe:

Lassen Sie nichts durchgehen. Geben Sie Feedback. Zeigen Sie sachlich die Konsequenzen auf.

Das Problem: Lug und Trug im Projekt

Als Projektmanager geht man unwillkürlich davon aus, dass man vom eigenen Unternehmen bei der Projektarbeit unterstützt wird. Es gibt Fälle, in denen das geschieht. Weitaus häufiger sind die Fälle, in denen die Unterstützung nicht nur enttäuschend ausfällt, sondern Projektmanager sogar behindert werden. So ist es beinahe schon «normal», dass Auftraggeber, Bereichs- und Abteilungsleiter, Lieferanten und Teammitglieder den Projektmanager anlügen:

- «Sie haben die volle Unterstützung der Fachabteilungen.» Was passiert? Einzelne Fachabteilungen lassen Sie hängen.
- «Sie bekommen unsere besten Leute für das Projekt.» Wen bekommen Sie? Die zweite Reihe – allerhöchstens.
- «Geld ist genug da!» Nach der Hälfte des Projektes wird das Budget halbiert.
- «Das Arbeitspaket ist nächsten Freitag komplett, ganz sicher!» Zwei Wochen später warten Sie immer noch darauf.

Der Holzweg: Immer wieder drauf reinfallen

Wie reagieren Projektmanager auf Lügen? Die alten Hasen haben ein Gespür dafür entwickelt. Sie riechen es förmlich, wenn man sie zum Besten hält. Den weniger erfahrenen Projektmanagern fehlt dieser Riecher: Sie fallen immer wieder drauf rein. Egal, wie oft man sie anlügt, sie glauben den Versprechungen immer wieder; nach dem Motto: «Diesmal muss er es doch ehrlich meinen!» Das ist naiv.

Natürlich bemerkt auch ein unerfahrener Projektmanager irgendwann, dass man ihn zum Besten gehalten hat. Was tut er daraufhin? Er versucht, das Projekt trotzdem irgendwie durchzuziehen. Das ist weder sinnvoll noch aussichtsreich:

Projekterfolg steht und fällt mit verbindlichen Zusagen.

Sie können unmöglich gute Arbeit leisten, wenn Sie angelogen werden. Lügen sind keine Kavaliersdelikte, auch wenn gutmütige Projektmanager sie als solche ansehen. Lügen sind aktive Projekt- und Unterehmenssabotage. Dabei ist es gleichgültig, dass die meisten Projektbeteiligten nicht vorsätzlich lügen, sondern einfach nur dem Druck nachgeben, unter dem sie selbst stehen. Lüge bleibt Lüge. Man kann auch unter Druck die Wahrheit sagen. Das nennt man Glaubwürdigkeit.

Fehlt diese Glaubwürdigkeit, gewöhnen Sie es sich so schnell wie möglich ab, auf Lügen hereinzufallen und leisten Sie Ihrem Projekt erste Hilfe.

Erste Hilfe: Nichts durchgehen lassen

Die erste Hilfe bei Lügen im Projekt ist denkbar einfach:

Glauben Sie keinem, der Sie einmal angelogen hat. Er ist nicht mehr glaubwürdig.

Sicher, es ist schwierig, jemandem das Vertrauen zu entziehen, der zwei Hierarchiestufen über Ihnen steht. Sie sollen den Mann ja auch nicht persönlich unsympathisch finden. Sie sollen ihm lediglich nichts mehr glauben. Erfahrene Projektmanager machen das seit Jahren und fahren gut dabei: «Wenn Marketing mir eine Marktstudie verspricht, dann weiß ich schon im Voraus, dass das höchstens eine Zielgruppenbefragung wird und kann mich darauf einstellen.» – «Ich weiß aus Erfahrung, dass im letzten Drittel des Projekts der Endtermin vorverlegt wird.» – «Wir haben noch nie das Budget bekommen, das wir brauchen – also warum sollte es diesmal klappen?»

Warum lügt man Ihnen etwas vor? «Weil kein vernünftiger Mensch unsere Projekte übernehmen würde», sagt der Geschäftsführer eines Werkzeugbauers, «wenn wir ihm die Wahrheit über Budget, Teammitglieder und Vorgaben sagen würden.» Mit Lügen versucht man also Projektmanager zu manipulieren, ein von vornherein unattraktives, prekäres oder gar unmögliches Projekt zu übernehmen. Fallen Sie nicht drauf herein – jedenfalls nicht beim zweiten Mal.

Wenn man Sie einmal angelogen hat, gehen Sie davon aus, dass es ein zweites, drittes … Mal passiert.

Stellt sich eine Zusage tatsächlich als Lüge heraus – schlucken Sie die Kröte nicht. Geben Sie vielmehr umgehend Rückmeldung. Das setzt voraus, dass Sie die Lüge belegen können. Deshalb sollten Sie Zusagen generell schriftlich dokumentieren. Bei Leuten, die Sie bereits angelogen haben, machen Sie diese Dokumentation besonders genau. Mit dieser Dokumentation in der Hand können Sie mit gutem Gewissen Rückmeldung geben. Machen Sie das niemals emotional: «Was fällt Ihnen ein, mich derart anzulügen?» Toben Sie Ihre Emotionen aus, bevor Sie Feedback geben. Denn Emotionen haben nur eine Wirkung: Sie eskalieren. Und das möchten Sie nicht. Gefragt ist sachliches Feedback:

Geben Sie Feedback über die Folgen.

Sagen Sie ganz sachlich und ruhig: «Sie haben uns am 7. Juni zwanzig Personenstunden zugesagt. Wir bekommen jetzt nur zehn.» Dann zeigen Sie die drei bis vier gravierendsten Konsequenzen dieser Lüge auf: «Wir werden unseren zweiten Meilenstein nicht halten können. Wir geraten eine Woche in Verzug. Kollege Meier ist stinksauer, weil er mit seinem Arbeitspaket jetzt nicht termingerecht beginnen kann.» Nützt das was? Nicht direkt. Denn der Schaden ist bereits eingetreten. Doch beim nächsten Mal wird es sich der Lügner zweimal überlegen, Sie anzulügen. Denn niemand wird gerne mit den Konsequenzen seiner Schwindeleien konfrontiert. Zumal Sie diese an Ihren Auftraggeber weitermelden. Damit nehmen Sie sich aus der Schusslinie. Wenn das Projekt wegen der Lüge in Schwierigkeiten gerät, weiß der Auftraggeber, wer die Verantwortung dafür trägt.

Zugegeben, gegen Lügen anzugehen ist eine ganz unangenehme Sache. Man fühlt sich dabei menschlich enttäuscht und nicht sehr wohl in seiner Haut. Viele Projektmanager berichten jedoch nach den ersten Versuchen, dass dieses Unwohlsein und die Frustration weitaus größer sind, wenn sie nicht Feedback geben. Wenn Sie die Praxis beobachten, werden Sie feststellen, dass besonders erfahrene und Feedback-gewandte Projektmanager nicht angelogen werden. Denn wenn ein Schwindler feststellt, dass seine Schwindeleien konsequent aufgedeckt und angemahnt werden, verliert er bald die Lust daran.

Erste Hilfe bei uneinsichtigen Auftraggebern

Manchmal passiert es, dass der Auftraggeber die Konsequenzen einer Lüge nicht akzeptiert – vor allem, wenn er selber gelogen hat: «Auch wenn Sie zehn Stunden weniger als zugesagt bekamen, müssen Sie doch die Projektziele wie verlangt erreichen!» Das ist natürlich Unfug. Wenn ein Polo 14 000 Euro kostet und Sie Ihrem Kfz-Händler plötzlich nur noch 7000 Euro anbieten, dann bekommen Sie den Polo eben nicht.

Warum verlangen manche Auftraggeber Unmögliches? Weil es kleine Sadisten sind? Das vermuten viele Projektmanager. Doch Sadisten gibt es nur ganz wenige unter den Topmanagern. Meist verlangen diese Unmögliches, weil

- sie sich möglicherweise selbst zu weit aus dem Fenster gelehnt haben,
- ihnen die Zusammenhänge nicht klar sind,
- sie unterstellen, dass der Projektmanager lediglich nicht die rechte Motivation aufbringt, seine Ziele trotz Lüge noch zu erreichen.

Also besteht die erste Hilfe darin, dass Sie dem Auftraggeber die Zusammenhänge klar machen und ihm zeigen, dass es eben keine Frage der Motivation, sondern der Ressourcen ist. Wie Sie das erreichen? Indem Sie in einem leicht verständlichen Überblick, am besten anhand einer Tabelle, aufzeigen, welche konkreten Teilaufgaben mit den zugesagten Leistungen hätten erfüllt werden sollen und welche dieser Aufgaben nun nicht mehr wahrgenommen werden können, weil die zugesagten Leistungen nicht erbracht werden.

Zeigen Sie die Input-Output-Zusammenhänge auf: Wenn … wegfällt, können wir nicht mehr … erbringen.

Selbstverständlich streichen Sie nicht die priorisierten Projektstellgrößen zusammen. Wenn dem Auftraggeber zum Beispiel der Endtermin das Allerwichtigste ist, schieben Sie wegen der Lüge nicht den Endtermin nach hinten, sondern kürzen qualitative Teilziele. Gehen Sie auf diese Weise vor, lassen selbst uneinsichtige Auftraggeber mit sich reden. Denn wenn ein Manager sieht, dass und warum etwas nicht geht, besteht er nicht länger darauf. Sie müssen es ihm nur geduldig und einfach genug erklären.

Ein häufiger Fehler bei dieser ersten Hilfe ist es, sich den Auftraggeber zum Feind zu machen: «Weil die technische Dokumentation die Bedienungsanleitung nicht geliefert hat, können wir auch nicht termingerecht ausliefern!» Das klingt so, als ob Sie den Auftraggeber vor vollendete Tatsachen stellen würden – wenigstens fassen dies viele Auftraggeber so auf.

Dann lassen sie ihre Wut an Ihnen aus: «Was fällt Ihnen ein? Diese Entscheidung obliegt Ihnen nicht!» Darauf wiederum reagieren viele Projektmanager frustriert: «Was kann ich denn dafür, dass die technische Dokumentation mich hängen ließ? Ich kann nichts dafür und soll jetzt die Verantwortung dafür tragen! Ich werde angelogen und soll das auch noch ausbaden!» Das stimmt nicht. Es liegt nicht daran, dass der Projektmanager etwas ausbaden soll, sondern dass er sich ungeschickt ausgedrückt hat:

Geben Sie Lügen-Feedback immer mit dem Ausdruck größten Bedauerns.

«Ich will unbedingt termingerecht ausliefern. Es ist so weit auch alles fertig. Jetzt stellt sich aber heraus, dass die technische Dokumentation den Endtermin für die Bedienungsanleitung niemals ernst gemeint hat. Ich fasse es nicht, dass die uns so hängen lassen!» Das klingt doch ganz anders, nicht? Warum? Weil bei dieser Formulierung der Auftraggeber sieht, dass Sie voll motiviert sind, dass Sie die Terminverzögerung emotional belastet und nicht nach dem Motto kalt lässt: «Was juckt das mich?»

Viele Fachexperten verstehen das nicht: «Ob mich das emotional belastet oder nicht, ändert doch nichts an den Tatsachen!» Das stimmt nur halb. An der Tatsache, dass Sie angelogen wurden, ändert Ihr Bedauern tatsächlich nichts. Doch an der Tatsache, ob Ihr Auftraggeber es versteht und akzeptiert, dass Sie angelogen wurden, ändert es alles. Wenn Ihr Auftraggeber erkennt, dass Ihnen die Lüge und ihre Konsequenzen nicht piepegal sind, lässt er eher mit sich reden, als wenn er annehmen muss, dass es Ihnen völlig egal ist, was mit seinem Projekt passiert.

Erste Hilfe bei Lügenkultur

In manchen Unternehmen herrscht eine Lügenkultur. Die Vorgesetzten möchten nur Erfolgsmeldungen hören und fordern damit implizit, dass sie angelogen werden. Keiner will die Probleme im Projekt und die Engpässe

197

im Unternehmen, die sie verursachen, wahrnehmen, geschweige denn, sie beseitigen. Schönschwätzer, Jasager und Abnicker sind gefragt. Keiner ist ehrlich, keiner sagt offen, was tatsächlich in den Projekten abläuft. Wer es dennoch wagt und auf die bestehenden strukturellen Engpässe im Unternehmen hinweist, welche die Projekte immer wieder in Schwierigkeiten bringen, wird gemaßregelt. So zwingt die Firmenunkultur den einzelnen Projektmanager zur Lüge. Dass damit jegliche Glaubwürdigkeit verloren geht, macht sich selten einer klar.

Je weiter diese Kultur in einem Unternehmen verbreitet ist, desto geringer werden die Erfolgsaussichten bei der Projektarbeit. Denn Projekte sind eben nur bei verbindlichen Zusagen zieltreu realisierbar. In einem Unternehmen mit Lügenkultur gibt es zwei Erste-Hilfe-Maßnahmen:

Suchen Sie sich einen Unternehmensbereich, in dem die Lügenkultur noch nicht dominiert. Ist das nicht möglich, wechseln Sie langfristig das Unternehmen.

Harte Maßnahmen? Gewiss. Doch noch härter ist es, zu bleiben. Denn in einer Lügenkultur ist ehrliche und erfolgreiche Arbeit einfach nicht möglich. Irgendwann sitzt man den Beruf, den man früher wirklich gerne mochte, einfach nur noch ab. Spätestens dann sollten Sie die Stellenanzeigen studieren und Ihr privates Karrierenetzwerk aktivieren.

33. «Wir machen Management by Desaster!»

☎ **Das Problem:**

Wenn einem Projekt ein Desaster droht, reißen sich alle mächtig am Riemen, um danach wieder Business as usual zu betreiben – was zwangsläufig das nächste Desaster heraufbeschwört.

✚ **Die erste Hilfe:**

Stellen Sie eine simple Frage: Was muss sich ändern, damit sich das aktuelle Desaster nicht wiederholt? Dann überzeugen Sie Ihre Vorgesetzten von der Antwort.

Das Problem: Von einer Panne zur nächsten

Auffallend viele Projektmanager berichten im Seminar oder beim Coaching: «Wenn bei uns ein Projekt ins Schleudern gerät, werden Himmel und Hölle in Bewegung gesetzt. Ist die Katastrophe abgewendet, schludert man wie gewohnt weiter und beschwört damit das nächste Desaster herauf!»

Auf diese Weise reiht sich Beinah-Katastrophe an Beinah-Katastrophe. Viele Unternehmen sind bekannt für dieses Desaster-Management. Auch das Resultat davon ist bekannt: Viele Unternehmen bekommen bestimmte Projekte einfach nicht auf die Reihe. Da weiß man als Außenstehender schon im Voraus: Das wird nichts – auch bei diesem Projekt wird der Endtermin überzogen, oder, falls der Kunde gewitzt ist und auf Festtermin bestand, die Qualitätsziele nicht erreicht oder falls doch, ganz einfach das Budget überzogen. Budgetüberschreitungen von 100 Prozent sind in solchen Desaster-Unternehmen keine Seltenheit.

Der Holzweg: Fehlerhafte PM-Techniken

Pannen passieren überall – auch wenn unerfahrene Topmanager manchmal meinen, «so etwas darf doch nicht vorkommen!» Natürlich dürfen Unfälle passieren – Irren ist schließlich menschlich. Doch wenn Fehler sich ständig wiederholen, ist das bedenklich.

Genau diese Wiederholung meinen Projektmanager, wenn sie Management by Desaster monieren: «Bei uns wird einfach nichts aus den Fehlern gelernt. Ist die Krise überwunden, macht alles weiter wie bisher, anstatt die Lehren aus dem Desaster zu ziehen!» Das heißt konkret: Es wird mit den alten fehlerhaften PM-Techniken und -Prozessen weitergearbeitet, welche das Desaster erst verursacht haben – und unter Garantie das nächste verursachen werden.

So erklärt sich übrigens auch, warum manche Unternehmen nur ein Viertel ihrer Projekte on target, on time und on budget ins Ziel bringen – und das bereits seit Jahren – und ihre Erfolgsquote trotz größter Anstrengungen (in der Krise!) nicht steigern können:

Wer mit Desaster-Techniken arbeitet, wird Desaster ernten.

Wie wenig in solchen Unternehmen aus den vielen Krisen gelernt wird, zeigt allein der Umstand, dass die Projektmanager kein PM-Training bekommen und auch nicht anderweitig auf ihre Projekte vorbereitet werden.

Erste Hilfe: Was muss sich ändern?

Die erste Hilfe gegen Desaster-Management ist denkbar einfach – wie die meisten Erste-Hilfe-Maßnahmen (sonst würden sie nicht funktionieren). Stellen Sie nach einer Krise einfach die Frage:

Was muss sich ändern, damit die Krise sich nicht wiederholt?

Was genau lief schief und warum? Wo müssen Sie also ansetzen? Diese Fragen zu stellen, gehört auch zum Projektmanagement. Viel eher jedenfalls als manch unnötige Präsentation.

Wenn die erste Hilfe so einfach ist, warum wendet sie dann nicht jeder an? Die meisten Topmanager wenden sie nicht an, weil sie – ohne eine gute PM-Ausbildung genossen zu haben – meinen, ganz genau zu wissen, wie Projektmanagement abzulaufen habe. Darüber hinaus meinen sie, ihre Projektmanager müssten ebenfalls wissen, wie Projektmanagement funktioniert – ohne jemals eine gute PM-Ausbildung genossen zu haben. Das sind zwei kapitale Irrtümer. Wer ihnen unterliegt, kommt natürlich nicht auf die Idee, mal zu hinterfragen, ob das letzte Desaster nicht vermeidbar gewesen wäre. Denn seiner Meinung nach macht er ja alles richtig!

Erste Hilfe: Überzeugungsarbeit

Die weitaus meisten Projektmanager sehen ganz genau, wovon die ständigen Projektdesaster verursacht werden. Sie sind jedoch bitter enttäuscht, dass die Topmanager das einfach nicht sehen oder sehen wollen!

Es gibt zwar auch Topmanager, die sehen, wo der Hase im Pfeffer liegt. Doch wenn Sie keinen solchen Vorgesetzten haben: Erwarten Sie nicht, dass ein Topmanager etwas sieht, was er bislang nicht sah. Helfen Sie ihm lieber, seinen Blick zu schärfen:

Überzeugungsarbeit gegenüber Vorgesetzten, Topmanagern und Auftraggebern gehört auch zum Projekt.

Man könnte sogar sagen, dass die Überzeugungsarbeit ein eigenes Projekt im Projekt ist. Sie ist kein lästiges Übel, sondern strategische Notwendigkeit – sonst werden Sie die ständigen Desaster niemals los!

Gabriele Storck sagt zu ihrem Vorgesetzten: «Bei vier von unseren letzten fünf Projekten haben wir den Endtermin nicht, nur mit Budgetüberschreitung oder nur mit höchster Not geschafft. Ich bin davon überzeugt, dass wir mit einem guten Frühwarnsystem die Quote umdrehen können: Vier von fünf sind pünktlich.» Damit ist der Vorgesetzte längst nicht überzeugt. Doch es ist ein Anfang. Nachdem Gabriele Storck das Thema ein halbes Dutzend mal angesprochen hat, stimmt der Vorgesetzte der Einführung eines abteilungsweiten Frühwarnsystems zu.

Haben Sies bemerkt? An diesem Beispiel wird die Möglichkeit einer Doppelstrategie deutlich:

Überzeugen Sie Ihre Vorgesetzten – und rüsten Sie gleichzeitig selbst hoch.

Warten Sie also nicht, bis Ihre Vorgesetzten zum Beispiel die Notwendigkeit eines unternehmensweiten Frühwarnsystems erkannt haben und alle Projektmanager ins Seminar schicken, damit sie sich mit den Feinheiten eines solchen Systems vertraut machen können. Ergreifen Sie vielmehr selbst die Initiative und rüsten Sie Ihre PM-Kompetenz auf.

Natürlich ist das hart. Natürlich wäre es angenehmer, wenn Ihre Vorgesetzten von sich aus auf die Idee kämen, die PM-Kompetenz der Projektmanager zu stärken. Doch Sie wissen ja inzwischen, welche Unterstützung Sie im Projekt von oben erwarten dürfen. Also denken Sie daran: Selbst ist der Mann. Das setzt große Eigenverantwortung voraus. Die guten Projektmanager haben sie.

Übrigens: Gegen das typische Projekt-Desaster Terminüberschreitung hilft nicht nur die Einführung eines Frühwarnsystems, sondern auch ein gutes Multi-Projektmanagement. Es priorisiert ständig alle Projekte neu und sorgt so dafür, dass keine Projektflut die knappen Ressourcen verschwendet. Chronische Terminüberschreitungen entstehen ja oft genug nur dadurch, dass Projektmanager und Projektteams von zu vielen Projekten völlig überlastet sind.

Multi-Projektmanagement ist Sache der Topmanager. Solange diese noch zu wenig von Projektarbeit verstehen, um es einzuführen, hilft nur eines: Überzeugungsarbeit. Glauben Sie bloß nicht, dass ein einzelner Projektmanager gegen «die da oben» nichts ausrichten kann. Wenn ein

Projektmanager ständig Multi-Projektmanagement vorschlägt und allmählich immer mehr seiner Kollegen nachziehen, gibt jedes Topmanagement irgendwann nach – schließlich kann es das Unternehmen nicht ohne Projektmanager führen.

Erste Hilfe bei Kostenüberschreitung

Eines der häufigsten, wenn nicht das häufigste Projekt-Desaster ist die Kostenüberschreitung. Da die Anzahl der Projekte in den meisten Unternehmen ständig steigt, liegt auf der Hand, dass sich ein Unternehmen irgendwann ruiniert, wenn es die Projektkosten nicht in den Griff bekommt. Dabei ist die erste Hilfe denkbar einfach:

Die strategische Projektkosten-Planung verhindert Kostenüberschreitungen.

Warum wird diese erste Hilfe nicht angewandt? Dafür gibt es viele gute Gründe. Zum einen werden in vielen Unternehmen auch heute noch die Projektkosten über den sprichwörtlichen Daumen gepeilt. Oder man nimmt Erfahrungswerte, die einfach nicht passen, weil jedes Projekt anders ist. Oder man stellt ganz einfach unehrliche Ansprüche: «Das müssen wir für 200 000 Euro abliefern!», obwohl jeder weiß, dass das gut und gerne das Dreifache kosten wird. Das heißt: Viele Topmanager haben überhaupt kein Interesse an einer zuverlässigen Projektkostenplanung. Das ist frustrierend, kann für Sie aber nur eines heißen:

Machen Sie eine Projektkosten-Planung – egal, ob die da oben mitziehen oder nicht.

So eine Planung ist ganz einfach: Listen Sie die Hauptbestandteile Ihres Projektes auf und holen Sie von den zuständigen Abteilungsleitern Kostenschätzungen zu den einzelnen Bestandteilen ein. Hüten Sie sich vor der verbreiteten Versuchung, diese Schätzung selbst vorzunehmen. Erstens liegen Sie zu oft daneben, und zweitens liegt dann die Schuld bei Ihnen. Im Zweifelsfall ist es besser, sich auf die Schätzung des zuständigen Experten zu berufen.

Widerstand gegen erste Hilfe

Viele Projektmanager leisten ihrem Projekt bei drohenden Kostenüberschreitungen keine erste Hilfe, weil: «Wozu soll ich die Kosten planen? Der Kunde will das für 200 000 Euro, obwohl er genau weiß, dass es mindestens das Dreifache kostet!» Das klingt zunächst einleuchtend, erweist sich jedoch als alles andere als das:

Unsinnige Kostenvorgaben machen eine Kostenplanung nicht überflüssig, sondern notwendig.

Denn ohne diese Planung glaubt Ihnen der Kunde oder Auftraggeber kein Wort, wenn Sie sagen: «Zu diesen Kosten ist das nicht zu machen!» Und das ist verständlich, denn in seinen Augen stellen Sie eine unbewiesene Behauptung auf (er weiß ja nicht, was Sie wissen). Also belegen Sie Ihre Behauptung mit einer übersichtlichen Kostenplanung:

Zeigen Sie dem Kunden/Auftraggeber, was er für seine Kostenvorstellung bekommt.

Zeigen Sie ihm Leistung für Leistung, was er für seine 200 000 Euro bekommt. Das überzeugt, weil selbst ein unbedarfter Kunde/Auftraggeber ungefähr weiß, was eine Ingenieurstunde kostet und was man in einer Personenstunde schaffen kann und was nicht.

Strategische Absicherung der ersten Hilfe

Arbeiten Sie in einem Unternehmen mit Desaster-Management, dann sichern Sie Ihre erste Hilfe beim nächsten drohenden Desaster strategisch ab: Leisten Sie, wie oben beschrieben, Überzeugungsarbeit bei Auftraggeber und Führungskräften, damit jene neuen PM-Tools eingeführt werden, welche das nächste Desaster verhindern können.

Warten Sie nicht, bis das passiert, sondern eignen Sie sich die nötigen neuen PM-Techniken auf eigene Initiative an.

Warum können Sie den ersten Schritt nicht einfach weglassen, wo «die da oben» doch so uneinsichtig sind? Weil Sie damit einen Projektunfall provozieren, den wir in Kapitel 27 versorgt haben: Sie eignen sich eine neue PM-Technik an – und Ihr Auftraggeber oder Topmanager sabotiert diese. Weil im Gegensatz zu Ihnen er nicht weiß, was Sie da treiben und die neue Technik für Humbug hält. Also eignen Sie sich neue, nötige Techniken an und leisten Sie gleichzeitig und darüber hinaus intensive Überzeugungsarbeit im Topmanagement. Erfahrene Projektmanager übernehmen diese Aufgabe ganz selbstverständlich. Ein 45-jähriger Projektmanager eines Anlagenbauers sagt: «Ich kann doch nicht von meinem Chef verlangen, dass er weiß, wie ein Frühwarnsystem funktioniert. Woher soll er das auch wissen? Ich habe die Projektkompetenz, also muss ich es ihm erklären – nicht umgekehrt.»

34. Ihr Erste-Hilfe-Koffer

Natürlich gibt es auch Projekte, die mehr oder minder glatt durchlaufen. Wenn Sie grade in einem arbeiten, herzlichen Glückwunsch. Leider ist das nicht das, was wir in Seminaren und Coachings ständig zu hören bekommen: «Die Probleme überwiegen in unserem Projekt.» «Keine Woche, in der nicht ein Unfall unser Projekt ausbremst!» «Das muss doch alles schneller, effizienter gehen!»

Natürlich sind Projektunfälle, wie alle Unfälle in Haushalt oder Straßenverkehr auch, erst einmal ärgerlich. Doch eines unterscheidet Projektunfälle von anderen Unfällen:

Projektunfälle an sich sind nicht schlimm. Schlimm werden sie erst durch die Reaktion des Projektmanagers auf den Unfall.

Die meisten Projektmanager reagieren überrascht und verärgert auf Projektunfälle: «Das darf doch alles gar nicht wahr sein!» Sie resignieren: «So ist das eben bei uns!» Sie tun so, als ob man nichts gegen Projektunfälle machen kann: «Was kann ich als kleiner Projektmanager schon tun, wenn der Auftraggeber spinnt?» Eine ganze Menge: erste Hilfe leisten.

Wenn wir bei der Projektbegleitung (einer Turbo-Version des Projektmanagements, bei der ein externer Projektspezialist den internen Projektmanager unterstützt) Projektmanager bei der Arbeit beobachten können, stellen wir regelmäßig fest: Wie stark ein Projektunfall ein Projekt ausbremst, hängt weder von der Schwere des Unfalls noch von der Uneinsichtigkeit des Kunden, der Unzuverlässigkeit der Fachabteilungen oder der mangelnden Projektkompetenz des Auftraggebers ab, sondern allein von der Fähigkeit des Projektmanagers, mit Projektunfällen umzugehen.

Es gibt also, streng genommen, keine schweren Projektunfälle. Es gibt nur schwere Versäumnisse bei der ersten Hilfe im Projekt. Viele Projektmanager meinen, Projektunfällen hilflos ausgeliefert zu sein. Das stimmt nicht. Erste Hilfe hilft. Man muss sie nur anwenden. Natürlich reagieren die meisten Projektmanager erst einmal skeptisch, wenn sie in Coaching oder Seminar Erste-Hilfe-Maßnahmen kennen lernen: «Was? So einfach soll das sein?» Doch diese Skepsis verfliegt nach den ersten Versuchen – weil die erste Hilfe funktioniert. Eben weil sie so einfach ist. Probieren Sie es aus.

Natürlich brauchen Sie kein Seminar oder Coaching für diese Erkenntnis. Alle Erste-Hilfe-Maßnahmen in diesem Buch sind direkt vom Blatt anwendbar. In Seminar oder Coaching fällt der Transfer in den Projektalltag lediglich leichter und macht mehr Spaß, weil man sich mit Gleichgesinnten austauschen kann.

Wenn Sie in einen Projektunfall geraten, der nicht in diesem Buch beschrieben ist, warten Sie nicht auf die Fortsetzung. Wählen Sie einfach jene Erste-Hilfe-Maßnahme aus dem Erste-Hilfe-Koffer, den Sie gerade in den Händen halten, die Ihnen aus einem ähnlich gelagerten Unfall am erfolgversprechendsten erscheint. Einige Maßnahmen, wie das Feedback über die Konsequenzen des Unfalls an den Auftraggeber oder die revidierte Planung nach einem Unfall, sind zudem universell anwendbar.

Wenn darüber hinaus Probleme oder Fragen auftauchen, sind wir natürlich immer gerne für Sie da:

Klaus D. Tumuscheit, project'ing GmbH, www.project-ing.de